スッキリ！がってん！ 感知器の本

伊藤　尚・鈴木　和男 [著]

電気書院

はじめに

　建物の天井には，照明器具，空調の送気口・給気口，放送設備のスピーカ，非常用照明灯，感知器，スプリンクラーヘッドなど様々なものが，空間の有効利用や最も合理的な設置位置として設置されています．

　このうち，感知器とスプリンクラーヘッドは，多数の者が利用する建物（消防法令では防火対象物といいます）の天井に，火災により発生する熱，煙または炎を早期に感知するもの，または，火災による熱で作動し，自動的に水を放水し消火するものとして，それぞれ設置されています．

　一方，住宅の火災を早期に発見するために設ける住宅用火災警報器は，消防法令により新築にあっては平成18年6月から，また，既存のものにあっては市町村条例により平成23年6月までに，設置が義務付けされています．

　これは，住宅火災による犠牲者（とくにお年寄り）が年々増加し，とくに火災に気がつくのが遅れたことが原因であることが住宅火災全体の4割を占めています．火災の初期段階で気がつき，早急に消火活動を行い，避難をしていれば犠牲者を出さないで済むようなケースも数多く存在します．これらに着目し，住宅火災の増加を未然に防ぎ，犠牲者を減らすことを最大の目的として住宅用火災警報器の設置が義務化されたものです．

　当然，住宅用火災警報器も感知器と同様に天井（壁の上方に設けることもできます）に設けられています．

では，感知器やスプリンクラーヘッドは，なぜ天井に設けられているのかを理解するためには，火災いわゆる火や燃焼現象を知る必要があります．また，火を消すにはどうするかも知っておくことも必要となります．本書では，「燃える」と「消す」として，これらをわかりやすく解説しています．

　さらに，建物内の火災を早期に発見することのできる感知器（住宅用火災警報器も含まれます）は，どのような原理で火災を感知し，その構造はどのようになっているのかについて本書において，詳しく解説をしています．感知器には，火災により発生する熱，煙または炎の特性を利用するもので，設置する部屋の構造や空間の大きさなどに対応できるように様々なものがあります．

　感知器に使用されている技術には，空気の膨張や金属の特性を利用したローテクなものから最新の電子技術を活用したハイテクなものまで幅広いものがあり，火災の発生を確実に感知するための技術が集約されています．

　火災や消火に関する知識とともに，感知器の種類，原理，構造などについて，興味を持っていただき，少しでも火災による被害の軽減に感心を持っていただくことを望みます．

目　次

はじめに —— *iii*

1　燃えると消す

1.1　燃える —— *1*
1.2　消す —— *46*

2　感知器ってなあに

2.1　まずは火災と感知器 —— *77*
2.2　煙感知器 —— *84*
2.3　熱感知器 —— *103*
2.4　炎感知器 —— *118*
2.5　いろいろな機能をもつ感知器 —— *126*
2.6　住宅用火災警報器ってなあに —— *133*

③ もっと知りたい感知器

3.1 感知器が火災を見つけたあとは —— *137*
3.2 火災の発生を知らせる受信機 —— *138*
3.3 感知器はどこにつけるの？ —— *148*
3.4 ほかにも検知方法はあるの？ —— *150*

索引 —— *160*
おわりに —— *165*

燃えると消す

1.1 燃える

(i) なぜ火が燃えるのか

自然に「火が燃える.」という表現をしますが,「火」と「燃える」の意味が重複していると感じる人はいるでしょうか.

「火」には,次のような意味があります.
① 熱の放散と炎を伴う可燃物の急激な燃焼.
② 空気中における継続的な酸化現象で発光や強い発熱を伴うもの,およびその現象により生じる光や熱.
③ 熱や発光または煙を出しながら可燃性の物質が燃えること.
④ 比較的小さい炎が燃えていること.
⑤ 宇宙を構成する4大元素(火,空気,水,土)の1つとされていた.

また,「燃える」には,次のような意味があります.
① 火がついて炎が立つ. 燃焼する.
② 激しく気持ちが高まる. 情熱が盛んに起こる.
 →火災には, 関係ありません.
③ 炎のような光を放つ. 光る. 陽炎(かげろう)や蛍の光,夏の厳しい陽光などをいいます.
 →火災には, 関係ありません.

「火が燃える」ということは,火(火災現象を表現する名詞)が燃える

1 燃えると消す

(継続的に発生していることを示す動詞)と考えることもできます.

火を科学的に表現すると,「可燃性の物質と酸素が反応し,熱や光を出す現象」と説明できます.一方,酸素が物質と結びつくことを酸化といい,この酸化反応には,反応が緩やかに進行するもの,いわゆる鉄が錆びるなどの現象から,反応が急激に起きる現象も含まれます.この酸化反応が急激に起き,このときに熱と光が発生する現象が火や炎といわれ,高速で起きる発熱反応が燃焼であり,光の発生を伴うと燃焼現象といわれます.

さらに,燃焼現象のうち,急激な燃焼により周囲の空気が熱膨張し,熱,光,音を伴い,周囲の構造物を破壊するなどの現象を爆発といいます.

「火が燃える」と,われわれが生活する上でさまざまな恩恵を得ることができますが,一方,制御できない火,いわゆる「火災」は,生命,身体,財産などに多大な損害を与えます.

(ii) 燃焼の3要素ともう1つの要素

「火が燃える」,いわゆる燃焼について,説明します.

(1) 燃焼の3要素

燃焼は,物が燃える現象であり,一般的に可燃性の物質(可燃物)が空気中(酸素が存在する)において燃えると,多量の熱と光を発生します.この燃焼には,①熱エネルギー,②可燃物および③酸素の3要素が不可欠です.一般的に,「燃焼の3要素(図1.1)」といわれています.

(a) 熱エネルギー

燃焼には,熱エネルギーが必要です.この熱エネルギーには,強制的に燃焼を開始する際の着火源(マッチ,ライター,火花など)があり,「火種」といわれます.また,燃焼が始まれば燃焼により発生す

コラム　酸化反応と還元反応

① 酸素を介在した反応

物質が酸素と化合する反応を酸化，酸素を失う反応を還元

② 水素を介在した反応

物質が水素を失う反応を酸化，水素と化合する反応を還元

③ 電子を介在した反応

物質が電子を失う反応を酸化，電子を受け取る反応を還元

④ 酸化還元反応

2種類の物質間で酸素，水素，電子の授受が同時に起こる化学反応

1 燃えると消す

図1・1　燃焼の3要素

る熱が熱エネルギーとなります.

着火源という外部からの火種がなくても，火が発生することがあります．これらの火には，反応の熱が徐々に蓄積して発火が自然に発生するものもあります．たとえば，堆肥，木材くず，肉骨粉などの有機物を大量に保管していると，発酵などによって内部の温度が上昇して反応が促進，その熱が蓄積し，その熱により酸化反応がさらに促進され，発火に至ることがあります．

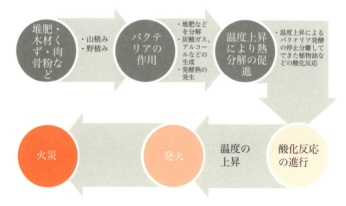

図1・2　反応の連鎖

また，天ぷら油は，常温では着火源があっても火は付きませんが，コンロなどで加熱する(熱エネルギーを与える)と徐々に温度が上がり，

1.1 燃える

> **コラム**　再生資源燃料
>
> 再生資源燃料は，再生資源（使用済物品等または副産物のうち有用なものであって，原材料として利用することができるもの，またはその可能性のあるもの）を原材料とする燃料であり，次のものがあります．
> RDF（Refuse Derived Fuel）…生ごみやプラスチックごみなどの廃棄物
> 　　　　　　　　　　　　　からつくられる固形燃料
> RPF（Refuse Paper & Plastic Fuel）…古紙と廃プラスチックからつくら
> 　　　　　　　　　　　　　　　　れる固形燃料

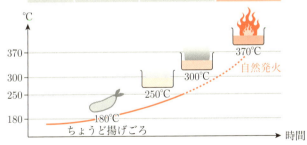

※油の新鮮度，揚げ物の有無，鍋の大きさや形状によって異なります．

図 1・3　天ぷら油の温度上昇

310〜320℃付近において発生した可燃性ガスに炎（着火源）を近づけると燃え出します．この温度を「引火点」といいます．さらに加熱

1 燃えると消す

を続け，360〜370℃になると火種（着火源）がなくても燃え出します．この温度を「発火点」といいます．このように加熱することにより，加熱された物質の状態が変わり，火が付きやすくなったり，自ら燃え出すことがあります．また，引火点や発火点は，物質により異なります．

(b) 可燃性の物質

可燃性の物質とは，燃えるものであり，空気中において火を付けると燃焼が継続するものです．代表的なものには，木や紙のようなセルロース類（グルコース（$C_6H_{12}O_6$）が多数つながった高分子多糖で，地球上で最も豊富に存在する再生可能な物質）があります．

また，一般に有機物（有機化合物，炭素，水素，酸素等を主な構成元素としたもの，炭素と炭素の結合や炭素と水素の結合したもの）は，可燃物です．とくに，石油類や可燃性ガスの主成分である炭化水素は，可燃物の代表となります．

(c) 酸素

空気中には，約21％の酸素が含まれています．酸素は，化学的に極めて活性であり，多くの元素と化学的に反応して酸化物をつくります．また，生物の呼吸に不可欠なものであり，その生命維持に必須の物質です．酸素は，高圧または液体にしてボンベに充てんし，酸素吸入，溶接や溶断に用いる酸素水素炎・酸素アセチレン炎などとして使用されています．

(2) 燃焼のもう1つの要素・連鎖反応

さらに，燃焼が継続するためには，熱・可燃物・酸素が連続的に供給され，燃焼できる条件が維持される必要があります．一方，燃焼は，ラジカル反応ともいわれ，分子レベルの化学反応において連鎖反応が起きています．燃焼の継続には，この連鎖反応も重要な役

1.1 燃える

コラム　セルロース類の燃焼

セルロース類が燃えるときには，次のような反応が起きており，熱と光が発生しています．

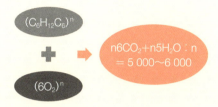

$(C_6H_{12}O_6)^n$：セルロースといわれる炭水化物（多糖類）
炭素（C）：酸素（O）と化合し，二酸化炭素（CO_2）になります．
水素（H）：酸素（O）と化合し，水（H_2O）になります．

炭化水素の燃焼

炭化水素が燃えるときには，次のような反応が起きており，熱と光が発生しています．

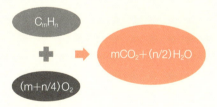

C_mH_n：炭化水素，パラフィン（C_nH_{2n+2}），ナフテン（C_nH_{2n}），芳香族（C_nH_{2n-6}）からなり，炭素数は，C_4 から C_{50} まで広く分布しています．
CO_2：二酸化炭素
H_2O：水

1 燃えると消す

> **コラム 酸素濃度**
>
> 地球が誕生した45億年前には、大気中に酸素が存在しなかったといわれ、その後、長い年月を経て細菌やバクテリアが発生し、酸素がつくられたとされています。その後、酸素は徐々に増加し、2億年前には濃度が33％にも達し、やがて増加と減少を繰り返しながら19％程度に落ち着き、類人猿が出現したとされています。また、この頃にオゾン層が形成され、濃度が概ね21％に安定し、これが現在まで続いています。
>
>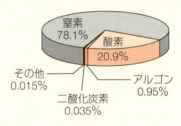
>
> 人体は、酸素濃度が18％以下になると、呼吸や心拍数が増加し頭痛や吐き気の症状が現れ、10％以下になると意識不明やけいれんといった症状が現れ、これが続くと死に至るとされています。
>
> **体内に取り込まれた酸素**
>
> 酸素は、呼吸により肺に取り込まれ、肺で血液に吸収され各器官に供給されます。供給された酸素は、頭脳の活動に使われたり、運動のエネルギーとして消費されます。

割を果たしています。

また、燃焼の3要素(熱、可燃物、酸素)のうちの1つでも制御する(奪う)ことができれば、すでに起きている燃焼現象を制御する(消火)ことができます。たとえば、燃焼機器は、これらの3要素のうちの可燃物である燃料を制御し、燃焼が安全に継続できるようにして

います.

さらに，連鎖的に起きている燃焼現象を分子レベルにおいて反応させ消火することを抑制作用，連鎖反応の遮断などといいます.

図1・4　燃焼の4要素

> **コラム　ラジカル（radical）反応**
>
> 　有機物が係わる化学反応（有機反応）で，その過程においてラジカル（遊離基）が関与している反応をいいます．光，熱などによって，①分子レベルでの安定な結合が切れてラジカルを生じる反応，②ラジカルと安定分子との結合によって新しいラジカルができる反応，③ラジカルが分解して新しいラジカルと安定分子になる反応，④ラジカル同士が反応して安定分子を生じる反応などがあります．
>
> 　ラジカルとは，不対電子をもつ原子や分子，あるいはイオンのことをいいます．ラジカルに1電子を奪われた分子がほかの分子から電子を引き抜くと，その分子がさらにラジカルを形成するため，反応は連鎖的に進行するといわれています．
>
> **連鎖反応**
> 　燃焼反応における生成物（熱エネルギーなど）や副産物（可燃性の分解ガスなど）が新たに反応を引き起こし，結果的に燃焼反応が持続したり拡大したりする状態をいいます．

1 　燃えると消す

(iii)　立ち上る煙の正体は？

　可燃物が燃えると黒い煙や白い煙が発生します．一方，ガスコンロや石油ストーブでは，ほとんど煙が発生していません．この違い何でしょうか．

(1)　燃焼してできる煙

(a)　黒色や灰色の煙の正体

　木や紙などが燃えると，一般的に煙が出ます．この煙の正体は，何でしょうか？

　目に見える煙は，一定以上の大きさの粒子（1 μmから数μm程度）であり，燃焼による上昇気流により上方に拡散している場合に確認できます．

　この煙には，燃焼時に不完全燃焼で生じた「すす」や燃焼によって生じた燃焼生成ガスが含まれています．

　木や紙，布などの有機物は，炭素が多く含まれており，加熱すると燃えやすい可燃ガス（可燃性ガス）が発生します．この可燃ガスが酸素と結び付いて燃焼が起き，熱と光が発生します．このときに酸素不足となる部分では不完全燃焼となり，酸素と結びつかずに気体のまま離れてゆく可燃ガスの中には冷えると液体や固体の小さな粒

左義長（どんど焼き）
正月に行われる火祭の行事
しめ縄，松飾りなどのわら，紙などが
燃えるため，盛んに白い煙が発生します．

図1・5　左義長

になるものがあり，これらが煙として見えます．

この煙は，可燃ガスの中に含まれる成分によって色が変化しますが，一般的に灰色や黒色をしています．この煙に含まれる成分の大半は，炭素であり「すす」といわれます．「すす」のみであれば，生命体に及ぼす影響は軽微と考えられますが，燃焼物に窒素や硫黄，銅や亜鉛といった金属が含まれている場合には，非常に毒性の強い煙となる場合があります．

一方，ろうそくを燃やしたときに出る「すす」は，熱を加えられたときに可燃ガスの中でできた粒子が冷やされてできた煙で，主に炭素によって構成されていて黒く見えます．この「すす」を集めて加工したものが，習字などに使用される「墨」です．

建物などの火災では，建材や内装材，家財などが燃焼しますが，これらはさまざまな原料によりつくられており，いろいろな要素が含まれているため，これらが燃焼した煙には有毒ガスが含まれることが多く，非常に危険です．

> **コラム** 墨
>
> 菜種油やゴマ油の油煙や松煙から採取した「すす」を香料と膠（にかわ）で練り固めたもの（固形墨），また，これを硯（すずり）で水とともにすりおろしてつくった黒色の液体をいいます．

(b) 白い煙の正体は

たき火の場合，落ち葉などが湿っていると，最初はなかなか火が付きませんが，燃え始めると白い煙や灰色の煙が立ち上ります．これらは，水分が水蒸気となったものや温度が低いことから十分に燃

1 燃えると消す

焼していないガスが含まれているためです．また，乾燥した落ち葉などが燃えるときは，ほとんど煙が立ち上りません．

建物の火災の場合，最初は，火源も小さく発生する煙の量も少ないことから，建物内を薄い煙が漂い，火災が大きくなるにつれて，発生する煙の量も多くなり，急激に濃さを増し，だんだんと黒くなります．また，建物の窓などから黒い煙が噴き出したりします．この黒い煙は，酸素不足による不完全燃焼によるもので，すすをはじめ，燃焼することにより発生したさまざまなガスが含まれています．

また，消火活動を始めると，盛んに白い煙が立ち上りますが，これは消火水が水蒸気となって発生するものです．

(2) 燃焼しても出ない煙

可燃物が燃焼すると一般的に目に見える煙が発生しますが，可燃物の種類によっては，燃焼しても煙が出ない場合があります．この煙が出ない理由は，完全燃焼状態で燃焼が継続しているからです．

たとえば，都市ガスやLPガスがコンロやストーブで燃焼するとガスに含まれている水素（H）と酸素（O）が反応し，廃ガスとして水蒸気が発生しますが，水蒸気は燃焼による熱により蒸発してしまうので，煙としては見えません．これは液化ガスの燃焼に見られる大きな特徴です．たとえば，プロパンガスの燃焼では，3倍の炭酸ガスと4倍の水蒸気を発生する反応が起きています．

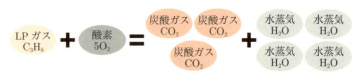

図1・6　プロパンガスの燃焼反応

(3) 燃焼により発生する燃焼生成ガス

建物火災により発生する煙には,不完全燃焼によるすすのほかに,燃焼生成ガスが含まれています.この燃焼生成ガスの種類・濃度は,火災が発生した室内にある可燃物の種類や量などにより異なるほか,火災発生からの経過時間および出火場所からの距離などによっても異なります.

建物内の可燃物が燃焼した場合の燃焼生成ガスには,表1・1に掲げたものが含まれています.非常に毒性の強いものがあり,火災が発生した場合には,これらの燃焼生成ガスを吸い込まないようにすることが大事です.これら燃焼生成ガスは,周囲の空気より軽いこ

表1・1 火災で発生する燃焼生成ガスの種類と特性

燃焼生成ガス	燃焼物質	特性・毒性	致死濃度
一酸化炭素 (CO)	有機物の不完全燃焼により発生	・無色,無臭の可燃ガス ・一酸化炭素中毒 ・頭痛,めまい	4 000 ppm
二酸化炭素 (CO_2)	有機物の燃焼により発生	・無色,無臭の不燃ガス ・頭痛,めまい,吐き気など	3〜4 %
シアン化水素 (HCN)	アクリルやポリウレタンなど窒素を含む材料から発生	・無色,特異臭の可燃ガス ・呼吸困難	270 ppm
塩化水素 (HCl)	ポリ塩化ビニル,塩化ビニルなど塩素を含む材料から発生	・無色,刺激臭の酸性ガス ・気道,目,鼻への強い刺激	2 000 ppm
硫黄酸化物 二酸化硫黄 (SO_2)	羊毛,アスファルトなど硫黄を含む材料から発生	・無色,刺激臭 ・気道,目,鼻への強い刺激	2 000 ppm
窒素酸化物 二酸化窒素 (NO_2)	ポリ塩化ビニル,塩化ビニルなど塩素を含む材料から発生	・褐色,酸性ガス,不燃性 ・気道,目,鼻への刺激	250 ppm

1　燃えると消す

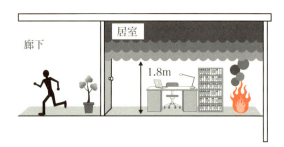

図1・7　燃焼生成ガスの降下イメージ

とから天井面に溜まり，徐々に降下して視界を遮るとともに，有毒なガスを含んでいるため，避難の際には，これらを吸わないように姿勢を低くする必要があります．

(ⅳ)　**燃焼後に残った灰は何か？**

　有機物が燃焼すると，あとには灰などが残ります．

　ほとんどの有機物は，元素として炭素，水素，酸素，窒素などから構成されており，これらの元素は高温でかつ十分な酸素が供給されて燃焼すると，完全燃焼して二酸化炭素や水蒸気などの気体となって大気中に放出され拡散し，何も残りません．しかし，有機物には，

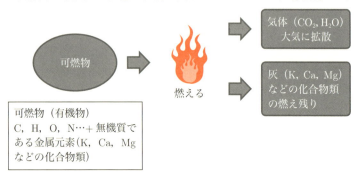

図1・8　可燃物の燃焼イメージ

1.1 燃える

無機質である金属元素（カリウム，カルシウム，マグネシウムなどの化合物類）が含まれており，これらは燃焼しても気体にはならず，固体として残ります．これらが灰となって残ります．

灰の主成分元素は，カリウム，カルシウム，マグネシウムなどであり，微量のアルミニウム，鉄，亜鉛，ナトリウム，銅などの金属元素（ミネラル）やプラント・オパール由来のけい酸が含まれていることもあります．

また，燃焼するときの温度が十分に高くなかったり，酸素の供給が十分でなかったりすると，有機物が完全に燃焼分解せずに残ることがあります．とくに，塩素が存在する場合は，灰の中に微量のダイオキシンが含まれることが判明し，問題となったことがあります．

コラム　ダイオキシン

ごみを燃やすと毒性の強いダイオキシンが発生します．日本では，1983年頃にごみ焼却炉の灰の中からダイオキシンが検出されています．また，1996年に埼玉県所沢市で産業廃棄物焼却炉からダイオキシンが検出され社会問題になり，これをきっかけにダイオキシンは大気汚染防止法の指定物質とされ，2000年に排出基準値が定められて，ごみ焼却炉や製鋼用電気炉などの施設に適用されています．

ダイオキシンは，200種類以上の少しずつ構造の異なる一群の化学物質の総称で，ダイオキシンには，酸素をはさんだ2個のベンゼン環に塩素が1〜8個結合した基本構造をもっています．骨格の構造と塩素が結合している部位と数によって毒性が異なります．

最も毒性が強いのは，ダイオキシン骨格をはさんだ2つのベンゼン環に塩素が2個ずつ結合した2，3，7，8 TCDD（テトラクロロジベンゾ-p-ダイオキシン）といわれています．

1 燃えると消す

(v) 燃焼現象の典型はロウソクの燃焼

(1) ロウソクの構造

「ろうそく」に直接火はつくでしょうか？ ロウソクは，芯の先に灯った炎によって周囲のロウが融けて芯にしみ込み，さらにそれが気化して燃焼することで燃え続けるしくみであり，炎はほぼ一定の明るさを保っています．

このロウソクは，綿糸などを縒り合わせた芯と芯の周囲のロウやパラフィンなどで構成されています．また，芯は，三つ編みにした綿糸（めんし）やい草（灯心草）が使用され，芯を据えた型にロウ（蝋，パラフィン）を流し込んだり，融けたロウを芯に繰り返し絡ませたりしてつくられます．

コラム　ロウソクあれこれ

ロウソクには，「洋ろうそく」と「和ろうそく」があります．

「洋ろうそく」は，芯を入れた型の中に，主に石油パラフィンとステアリン酸の蝋を流し込んで一気に成形しつくられています．

「和ろうそく」は，い草と和紙からなる芯にハゼノキの果実からとれる木蝋を塗り重ねて成形されています．

ロウソクの蝋

蝋には，主に動物の油脂，植物の油脂などから採取されるものと，原油を分留して得られる蝋質の炭化水素であるパラフィン系のものがあります．

蝋は，室温で固体であるために扱いやすく，加熱すると比較的低い温度で融解し，気化すると容易に燃焼することから，古来蝋燭（ろうそく）として照明に用いられてきています．さらに水分を弾く事や潤滑性がある事などから，蝋燭以外にも様々な用途に用いられています．

1.1 燃える

　和蝋燭は，一般的にハゼノキの果実からつくられることからハゼ蝋ともいわれています．また，一般のロウソクに使用されるパラフィンは，炭化水素化合物（有機化合物）の一種で炭素原子の数が20以上のアルカン（一般式がC_nH_{2n+2}の鎖式飽和炭化水素）の総称であり，常温において半透明ないし白色の軟らかい固体（ロウ状）で水に

図1・9　ロウソク

1	・火を付ける前のロウソクは，ロウがしみ込んだ芯と固体のロウからできています．
2	・ロウがしみ込んだ芯にマッチの炎を近づけると，この熱で芯にしみ込んだロウが気化し，この気化したガスに火が灯ります．
3	・この炎の熱により，芯の周辺のロウが熱せられて液体となり，芯の毛細管現象により少しずつ吸い上げられます．
4	・吸い上げられた液体のロウは，芯に灯った炎によってさらに熱を加えられ，気化します．
5	・気化したロウは，炎の熱によって次々と酸素と結び付き，酸化し，燃焼が継続します．
6	・この燃焼により，熱と光が発生します．
7	・この燃焼により，完全に燃焼しなかった部分はすすなどになります．また，燃焼により水蒸気なども発生します．
8	・炎の熱により，周辺の空気が熱せられ軽くなることから，空気が上方に移動します．これにより，上昇気流が発生し，周辺から燃焼に必要な空気が継続的に供給されます．

図1・10　ロウソクの燃焼

1　燃えると消す

溶けず，化学的に安定な物質です．

(2) ロウソクの燃焼

ロウソクから芯を取ったロウ（蝋やパラフィン）に，直接マッチの火を近づけても火は付きません．これは，着火源のマッチの熱がロウの固体に逃げてしまい，一部を液体に変えますが，ロウの全体の温度上がらないためにロウの蒸気を充分に発生させることができないことから，火が付きません．

また，あらかじめ液体にしたロウにも，直接マッチの火を近づけても火は付きません．固体のときと同様，マッチの熱が液体のロウに逃げ，十分な蒸気を発生させることができないためです．

では，ロウソクは，どのように燃焼するのでしょうか．ロウソクが燃焼するには，固体＞液体＞気体への状態の変化が必要です．

ロウソクは，次のように継続して燃焼します．

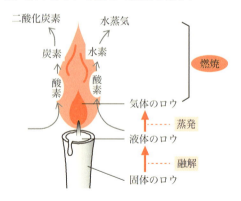

図1・11　ロウソクの燃焼のイメージ

また，ロウソクの炎は，その燃焼状態により，芯の内側から炎心，内炎，外炎といわれ，図1・12のような構造となっています．

1.1 燃える

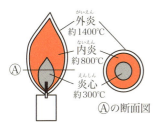

外炎：空気と触れていて完全燃焼しています．最も温度が高い部分です．
内炎：すす（炭素）が熱せられて輝いています．最も明るい部分です．
炎心：ロウが気化している部分で，ほとんど燃えていないので温度が低い部分です．

図1・12　炎の構成

(vi) 燃え方にはいろいろある

燃焼には，熱や光を伴いますが，この場合に炎がある場合とない場合があります．炎は，気体が燃焼するときに見られる穂のような形状である光と熱を発している部分をいいます．

(1) 燃えるときに炎の出ない燃焼

(a) 表面燃焼

たばこ，線香，炭のように物体の表面において，燃焼している場合を表面燃焼といい，一般的に炎を出さないで燃焼することから，無炎燃焼ともいわれます．

また，表面燃焼のうち，たばこのような熱分解と表面燃焼が組み合わさった状態で燃えるような場合を「くん焼」といい，熱分解で発生した物質には一酸化炭素などのガス状物質と水などの粒子状物質が含まれており，

図1・13　たばこの表面燃焼

コラム　炎

炎の語源は，火の穂（ほのほ）から由来しているといわれています．

1 燃えると消す

これらが冷やされて白っぽい煙として見えます．

(b) 触媒燃焼

白金やパラジウムなどの貴金属の触媒を使用して，有機成分を300℃前後の低温で酸化分解するような燃え方を「触媒燃焼」といいます．

たとえば，白金カイロのように白金に液体燃料（ガソリンやアルコールなど）を染み込ませ，白金面上で液体が酸化燃焼し，熱を出しています．また，炭は，火鉢や炉の中の灰に含まれているカリウム塩やナトリウム塩の触媒効果により，燃焼が緩やかに継続されます．これらは，空気の流通の悪い酸素供給の少ない環境でゆっくりと燃焼が継続します．

(2) 燃えるときに炎の出る燃焼

ロウソクが燃える場合には，ロウが固体からいったん液体となり，さらに気化し，可燃ガスとなって酸素と結び付き，気相燃焼（(vii)にて解説）が起こります．このようにいったん液化してから気化した可燃性ガスが燃焼する状態を蒸発燃焼といいます．

また，木や紙が燃える場合には，固体の表面が熱によって分解され，直接可燃性ガスが発生し，この可燃性ガスが酸素と結び付き，気相燃焼します．

(vii) 物質により燃え方は異なる

物質の状態が，固体，液体または気体により，その燃え方は異なります．

また，燃焼においては，物質が気体であるときの状態を気相，液体であるときの状態を液相，固体であるときの状態を固相といい，その状態の燃焼を次のようにいいます．

① 気相燃焼：燃焼の始まる直前の状態が気体である場合の燃焼．

1.1 燃える

代表的な燃焼に，可燃性ガス（都市ガス・LPガス）の燃焼があり，可燃性ガスの中に含まれる可燃物質（水素・炭素など）が空気中の酸素と化合（酸化）して炭酸ガスなど（酸化物）を生成する際に発熱（酸化熱）し炎を発生させます．

図1・14　気相の燃焼のイメージ

② 液相燃焼：燃焼の始まる直前の状態が液体である場合の燃焼．

可燃性液体（常温常圧で気体であるものが，加圧または低温によって簡単に液化するもの）が液状で噴霧燃焼する形態であり，特異な燃焼である．

なお，一般的に可燃性液体の燃焼は，液体の状態で燃えるのではなく，液面から蒸発する可燃性蒸気が空気と混合し，点火源により燃焼し，これを蒸発燃焼といいます．

③ 固相燃焼：燃焼の始まる直前の状態が固体である場合の燃焼．

固相燃焼には，可燃性固体がその表面で，熱分解を起こさず，また，蒸発もしないで高温を保ちながら酸素と反応して燃焼する木炭，コークスなどの燃焼の例があります．

(1) 気体の燃え方

気体の燃焼は，制御された燃焼である定常燃焼と制御されていない非定常燃焼に分けられます．

(a) 定常燃焼

定常燃焼には，予混合燃焼と拡散燃焼があり，予混合燃焼とは可

1 燃えると消す

表1・2 燃焼の三態

三態	燃焼の種類		特徴
気体	定常燃焼	混合燃焼（予混合燃焼）	可燃性気体と空気の混合気体に生じる制御された燃焼
		非混合燃焼（拡散燃焼）	可燃性気体が大気中で生じる制御された燃焼
	非定常燃焼（爆発燃焼）		可燃性気体と空気の混合気体が密閉状態中で生じる制御されていない燃焼・爆発
液体	蒸発燃焼		液面から蒸発する可燃性ガスと大気中の酸素が混合し何らかの火源により生じる燃焼
固体	蒸発燃焼		固体表面から蒸発する可燃性ガスと大気中の酸素が混合し，何らかの火源により生じる燃焼
	分解燃焼		熱分解して生じた可燃性ガスと大気中の酸素が混合し，着火して生じる燃焼
	分解燃焼	自己燃焼（内部燃焼）	熱分解して生じた可燃性ガスと可燃物中の酸素が混合し，着火して生じる燃焼
	表面燃焼		蒸発も熱分解も起こさず，固体表面で生じる燃焼

燃性ガスと空気があらかじめ混合された状態で燃焼することであり，一方，拡散燃焼とは可燃性ガスが周囲の空気に触れながら燃焼することをいいます．

具体的な例には，バーナの燃焼とロウソクの燃焼があり，供給される空気の量により炎の色などが図1・15のよう変化します．

ガスバーナの場合，燃料に対する酸素の供給量を多くすると，非常に高温となります．酸素の供給量を少なくしていくと，予混合燃焼と拡散燃焼が混在した状態となり，さらに酸素の供給を少なくすると拡散燃焼に移行していきます．

一方，ロウソクの場合は，溶けたロウが熱によって気化し可燃性ガスに変化したものが，外から吸い寄せられた酸素と結合して燃焼

1.1 燃える

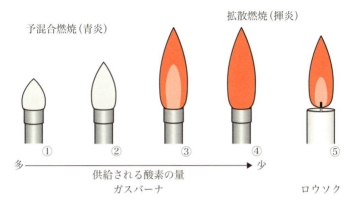

図1・15　炎の色

表1・3　燃焼と炎の色

NO	区分	燃え方	燃焼の特性
①	ガスバーナ	予混合燃焼	激しい燃焼，炎の温度は千数百℃以上
②		予混合燃焼	炎の色は青
③		予混合燃焼＋拡散燃焼	予混合で燃焼している内側部分と拡散で燃焼している外側部分が混在する．
④		拡散燃焼	緩やかな燃焼，炎の温度は800℃以上
⑤	ロウソク	拡散燃焼	炎の色は黄色から赤

します．この場合の炎は，内炎の部分が赤く明るいのでほとんど目に見えませんが，その外側に青い炎があります．この青い炎（外炎）が可燃ガスと酸素の反応している部分です．

赤い光（内炎）は，熱によって遊離した炭素（すす）から発せられ，この炎を輝炎（きえん）といいます．輝炎は，放射熱が強く，加熱用に適しています．

1 燃えると消す

(b) 非定常燃焼

非定常燃焼は，可燃性気体と空気との混合ガスが密閉容器中にあるときに点火されると，燃焼の速さが急激に増加して爆発的に燃焼することをいい，爆発燃焼ともいいます．その例としては，ガソリンエンジンのシリンダ内の密閉空間で起こるような爆発的な燃焼があります．

(2) 液体の燃え方

液体の燃焼は，液面から蒸発した可燃性蒸気と空気が混合して燃焼します．このような燃え方を，液体の蒸発燃焼といいます．

たとえば，ガソリンなどの石油を火皿に入れて，火を付けた場合，液体の表面から蒸発する可燃性蒸気が燃えており，液体そのものが燃焼しているのではありません．

また，アルコールランプは，芯に火を付けると燃えますが，このときには芯が燃焼するのではなく，芯から蒸発したアルコールが燃焼しています．

(3) 固体の燃え方

固体の燃焼には，蒸発燃焼，分解燃焼および表面燃焼の3つの形態があります．

図1.16　ガソリンの燃焼　　図1.17　アルコールランプ

1.1 燃える

> **コラム** **硫黄【S】**

　消防危険物第2類（可燃性固体），原子番号 16，原子量 32.1 の元素．黄色の固体または粉末．融点は115℃．無味無臭．水より重い（比重1.8）．粉末状のものは，粉じん爆発の危険性．

　硫黄は，無臭であるが，噴火口や硫黄泉の周囲など天然の硫黄が存在する場所で多く発生する硫黄化合物である硫化水素や二酸化硫黄は刺激臭があり，これらの臭気が「硫黄の臭い」といわれています．また，硫黄は，空気中で表面がわずかに酸化されて不安定な酸化物となります．この酸化物がさらに酸化し，水分が存在すると硫黄が還元され，硫化水素が発生します．

赤りん　消防危険物第2類（可燃性固体），赤褐色の粉末．発火点は260℃．水より重い（比重2.1～2.3）．常圧（1気圧）で約400℃で昇華する．粉じん爆発の危険性．

ナフタリン【$C_{10}H_8$】　無色で昇華性をもつ白色結晶．種々の合成染料の重要な原料であり，合成樹脂の原料としても使用．以前は，衣服などの防虫剤として使用されたが，現在はパラジクロロベンゼンなどに取って代られており，染料，その他の化学薬品，合成樹脂製造の原料として大量に利用されます．

マグネシウム【Mg】　酸素と結合しやすく強い還元作用をもち，空気中に放置すると，表面が酸化され灰色を帯びます．非常に軽い軽合金材料として重要であり，金属マグネシウムとして様々な合金の第一金属（合金の基本となる金属）や，添加剤に利用されます．

　また，反応性の高さから脱酸素剤や脱硫剤，さらに有機合成用試薬として使用されています．

1 燃えると消す

(a) 蒸発燃焼

　可燃性の固体が加熱された場合，熱分解を起こすことなくそのまま蒸発（昇華）し，その蒸気が燃焼する場合があります．このような燃焼を固体の蒸発燃焼といい，液体のときと同じく，蒸発して生じた可燃性蒸気が燃焼します．このような蒸発燃焼する固体は非常に少なく，硫黄，赤りん，ナフタリン，マグネシウムなどがあります．

(b) 分解燃焼

　可燃性の固体が加熱されて分解し，その際に発生する可燃性ガスが燃焼することを分解燃焼といいます．このような分解燃焼する固体には，木材，石炭などがあります．

(c) 表面燃焼

　可燃性固体がその表面で，熱分解を起こさず，また，蒸発もしないで高温を保ちながら酸素と反応して燃焼する場合を表面燃焼といいます．表面燃焼は，燃焼に際し炎を上げないという特徴があり，無炎燃焼ともいわれます．このような表面燃焼の例としては，木炭，コークスなどがあります．

(viii) 可燃物とは何か

(1) 有機物は燃えやすい

　木や紙など，身の周りには炭素を含む有機物が多く見られます．有機物の多くは，動植物によって分解され再合成されて，体内に蓄えられたり，排泄物となります．有機物は，物質内に蓄えられた化学的なエネルギーを放出して，より安定した状態に戻ろうとします．そのため，燃えやすい性質をもっています．とりわけ，炭素を多く含む有機物は，熱を加えると可燃性のガスを発生し，酸素と結び付きやすくなります．

　有機物は，加熱されると，もともとの物質が分解され，中に入っ

コラム　木材の燃焼

燃えると二酸化炭素と水と灰分（ミネラル）になります．280℃くらいで燃えだし，120℃くらいでも長期間加熱されると燃えます．

木材は，加熱される温度により，次のように変化します．

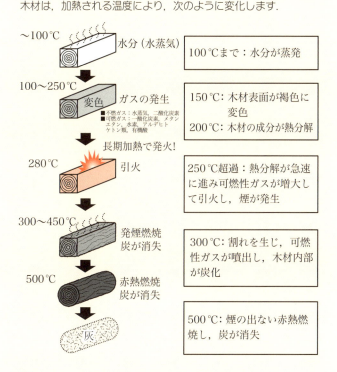

石炭

石炭は，古代の植物が完全に腐敗分解する前に地中に埋もれ，そこで長い期間地熱や地圧を受けて変質（石炭化）したことにより生成した物質といわれています．

1 燃えると消す

> **コラム** 木炭

　木炭は，炎が立たない，煙が出ない，火が消えず扱いやすい，燃焼時間が長い，火力が安定している，空気によって燃焼温度を調整できるなどの特性があります．

　木炭には黒炭（くろずみ，こくたん）と，白炭（しろずみ，はくたん）の2種類があります．一般的に広く普及しているのは黒炭で，白炭は備長炭が有名です．

　黒炭と白炭は，製炭方法の違いで区別されます．原木の種類によらず，どのような木でも黒炭・白炭のどちらにでも製炭できます．

　黒炭は，蒸し焼きされた木炭の窯を密封して酸素の供給を絶ちきって消火し，窯が冷えてから木炭を取り出したものです．

　白炭は，蒸し焼きされた木炭の窯口を少しずつ開けて空気を送り込み燃焼させます．窯から取り出すときは大きく口を開けて，1 200 ℃ほどの高温で燃焼中の木炭を取り出し，水分を含んだ土と灰の混ざった消し粉をかけて消火します．この粉が炭の表面に白く残るため白炭といわれます．

黒炭

白炭

1.1 燃える

> **コラム** コークス
>
> コークスは，石炭を乾留（蒸し焼き）してつくります．
>
> 蒸し焼きにすると，石炭から硫黄，コールタール，ピッチなどの成分が副産物として抜けます．この乾留工程を経ることで燃焼時の発熱量が原料の石炭より高くなり，高温を得ることができます．外見は石炭に似ていますが，多孔質であるため金属光沢は石炭に比べて弱くなっています．多孔質は，乾留（1 300 ℃以上）の際に石炭中の揮発分が抜けてできるものであり，結果的に炭素の純度が高まり高温度の燃焼を可能としています．石炭をコークスにすると，たとえば歴青炭（れきせいたん）程度の品位の石炭100に対し20程度（重量比）となり，残りは副産物，灰（燃焼灰，灰分）となります．

ていた炭素などが燃えやすいガスの状態で外に出て行きます．これが可燃性ガスです．これらのガスが酸素と結び付き，光や熱を発します（この光と熱が火の正体です）．炭のように炭素がガスの状態にならないまま燃える場合もあります．また，外に出て行ったもので酸素と結び付かなったものは，煙やすすとなります．

(2) 水分を含んでいる可燃物は燃えにくい

有機物を燃焼させる場合でも，水分を含んでいるものと乾いているものとでは燃えやすさに差があります．

水は，気化するときに物体から熱を奪うという作用があり，これを蒸発潜熱といいます．同じ材質の紙コップを2個用意し，片方の紙コップに水を入れ，熱したフライパンの上に置き，加熱します．水の入っていない方の紙コップは，フライパンに接している部分から

1　燃えると消す

> **コラム　有機物**
>
> 　炭素を含んだ化合物であり,生物は有機物でできています.たんぱく質,脂肪,炭水化物,アミノ酸などが有機物の例です.有機物は,炭素分子に酸素や水素分子などが結合してできています.たとえば,ブドウ糖は有機物の中でも単純なものであり,炭素分子6個と12個の水素分子,6個の酸素分子から構成されています($C_6H_{12}O_6$).
>
> 　また,有機物は,燃えると二酸化炭素を発生し,加熱すると黒くこげて炭になります.
>
> 　【例】　砂糖,ロウ,プラスチック,エタノール,木,紙,プロパンなど
>
> **無機物**
>
> 有機物でない物質を無機物といいます.
>
> 　【例】　ガラス,鉄,アルミニウム,水,食塩,二酸化炭素,水素,酸素など

白い煙が発生し焦げ始め,やがて炎を上げて燃えてしまいます.一方,水を入れた紙コップでは,中の水の温度が上昇し,さらに加熱を続けると沸騰し,蒸発を始めます.

　水の入っている紙コップは,中の水はどんどん蒸発していきますが,水がなくならない限り燃え出すことはありません.水が気化することによって熱を奪い,紙コップが燃焼するのに必要な温度に至らないからです.

　このように水の蒸発潜熱の働きによって,水分を多く含む物質は水の沸点である100℃以上にはなりにくく,燃えにくい性質をもっています.

　水分を含む可燃物では,加熱により含まれている水分が蒸発した後には,乾いた状態となることから紙同様に発火します.

1.1 燃える

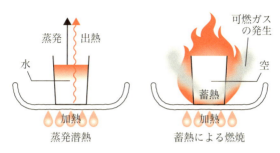

図1・18 蒸発潜熱と蓄熱による燃焼

> **コラム　紙鍋**
>
> 水を入れた紙が燃えないことを利用したものに「紙鍋」があります．だし汁を入れた紙鍋は，水の沸点が100℃であり，これ以上の温度にならないことから，紙自体が燃焼温度（200℃から300℃程度）にならないため，だし汁のある鍋底は燃えません．

(3) 燃えるものは危険物

消防法では，火災が発生する危険性の高い物質として，とくに燃えやすい，火災の広がりの速い，消火が困難となるものなどの性質を有する物質を危険物として指定し，その貯蔵または取扱いを規制しています．

具体的に規制される物質は，次のとおりであり，いずれも可燃性の物質です．

(a) 可燃性固体類（第2類）

固体であり，火災による着火の危険性を判断するための危険物の規制に関する政令（以下「危政令」という）で定める試験において危政令で定める性状を示すもの，または引火の危険性を判断するための

1 燃えると消す

危政令で定める試験において引火性を示すものであると定義されています．（表1・4）

(b) 引火性液体（第4類）

液体（第3石油類，第4石油類および動植物油類にあっては，1気圧において，温度20℃で液状であるものに限る．）であり，引火の危険性を判断するための危政令で定める試験において引火性を示すものと定義されています．（表1・5）

表1・4 可燃性固体類（第2類）の性状

品名	性状など
硫化りん	りんと硫黄の化合物の総称です．（PxSy）発火しやすく危険物第2類（可燃性固体）に指定されています．水と反応すると硫化水素H_2Sが発生します．
赤りん	紫りんを主成分とする白りんとの混合体で，融点590℃，発火点260℃の赤褐色の粉末です．
硫黄	黄色で臭気を発しないが，噴火口や硫黄泉の周囲など天然の硫黄が存在する場所で多く発生する硫黄化合物です．硫化水素や二酸化硫黄は刺激臭があります．
鉄粉	目開きが53μmの網ふるいを通過するものを50％以上含む鉄の粉をいいます．
金属粉	アルカリ金属，アルカリ土類金属，鉄およびマグネシウム以外の金属の粉をいい，銅粉，ニッケル粉または目開きが150μmの網ふるいを通過するものを50％以上含むものをいいます．
マグネシウム	マグネシウムを含有するもので次のものをいいます． ・目開きが2mmの網ふるいを通過する塊状のもの ・直径が2mm未満の棒状のもの
引火性固体	固形アルコール，その他1気圧において引火点が40℃未満のものをいいます．

1.1 燃える

(ix) 金属にも燃えるものがある

(1) 燃えにくい無機物,燃えやすい無機物

自然界には,酸化されエネルギーが低くなり安定した状態(不活性状態)になった無機物が多く存在します.たとえば,石や岩石は,この部類であり,燃えにくい無機物といわれます.一方,同じ無機物でも金属単体は,酸素と結び付いていないものが多く,燃える可能性があります.たとえば,アルカリ金属(ナトリウム,リチウムなど)は,酸化反応性が高いので燃えやすい金属です.

鉄は,一般的に塊や板などの状態では,酸化反応性があまり高くなく,室温の空気中では熱を奪われやすいので燃えませんが,細か

表1・5 引火性液体(第4類)の性状

品名	性状など
特殊引火物	ジエチルエーテル,二硫化炭素その他1気圧において,発火点が100℃以下のものまたは引火点が-20℃以下で沸点が40℃以下のものをいいます.
第1石油類	アセトン,ガソリンその他1気圧において引火点が21℃未満のものをいいます.
アルコール類	1分子を構成する炭素の原子の数が1個から3個までの飽和一価アルコール(変性アルコールを含む)をいいます.
第2石油類	灯油,軽油その他1気圧において引火点が21℃以上70℃未満のものをいいます.
第3石油類	重油,クレオソート油その他1気圧において引火点が70℃以上200℃未満のものをいいます.
第4石油類	ギヤー油,シリンダー油その他1気圧において引火点が200℃以上250℃未満のものをいいます.
動植物油類	動物の脂肉などまたは植物の種子もしくは果肉から抽出したものであって,1気圧において引火点が250℃未満のものをいいます.

1 燃えると消す

い粉体にしたものやスチールウールの様に表面積が大きい形状になると，酸化しやすくなり，燃やすことができます．

図1.19 スチールウール

また，鉄は酸素濃度の高い環境や高圧の酸素中では，非常に酸化されやすくなり，塊でも燃やすことができます．

鉄に比べて燃えやすい軽金属として，アルミニウムがあります．また，アンモニアや，人工的につくられた不安定な無機物質の中には燃やすことができるものがあります．

(2) 物質の状態と燃焼

物質の状態により，燃焼状態は異なります．アルミニウムを例に紹介します．

板状に加工されたアルミニウムをバーナで加熱しても，有機物のように簡単に火は付きません．アルミニウムは，常態で空気中の酸素と反応して表面に緻密な薄い皮膜をつくり，不動態といわれる非常に安定した状態になっています．そのため，酸素と簡単には結び付きにくい状態になっています．

アルミニウムを燃焼させるためには，粉末にして表面積を増やし，保護膜も取ることで非常に酸化しやすい状態になります．これをバーナの火に接触させると，アルミニウムは閃光を放ち，一瞬にして激

1.1 燃える

> **コラム　燃える金属**
>
> 金属のうち，燃焼しやすい形状で存在するものは，消防危険物に該当します．
>
> 具体的には，法別表第1の第2類可燃性固体（火炎により着火しやすい固体または比較的低温（40 ℃未満の温度）で引火しやすい固体で，燃焼が速く消火が困難な固体）に該当し，「鉄粉」，「金属粉」および「マグネシウム」が指定されています．
>
> | | |
> |---|---|
> | 鉄粉 | 鉄の粉をいいます．粒度などを勘案して総務省令（危険物の規制に関する規則（以下，「危規則」といいます）第1条の3第1項）で定めるもの（目開きが53 μmの網ふるいを通過するものが50 %未満のもの）が除かれます． |
> | 金属粉 | アルカリ金属，アルカリ土類金属，鉄およびマグネシウム以外の金属の粉をいいます．粒度などを勘案して総務省令（危規則第1条の3第2項）で定めるもの（銅粉，ニッケル粉および目開きが150 μmの網ふるいを通過するものが50 %未満のもの）が除かれます． |
> | マグネシウム | マグネシウムを含有するものをいいます．形状などを勘案して総務省令（危規則第1条の3第3項）で定めるもの（目開きが2 mmの網ふるいを通過しない塊状のものおよび直径が2 mm以上の棒状のもの）が除かれます． |

しく燃焼します（酸化）．

アルミニウムに限らず，無機物も粉末状にするなど，その形状を変化させると，燃焼させることができます．

(x) 自然に燃えるものがある

燃焼には，「可燃物」，「空気（酸素）」および「熱エネルギー」の3要素が不可欠ですが，燃焼するためには，「可燃物」と「空気（酸素）」の

1 燃えると消す

割合がある範囲にあり,かつ,それが混じり合い,加えて熱エネルギーがある値以上であることが必要です.

これらの条件を表すものには,可燃物と空気の混合には「爆発下限界濃度」と「爆発上限界濃度」,可燃物には「引火温度(点)」,「最小熱エネルギー」,「発火温度(点)」といったものがあります.

> **コラム　爆発範囲**
>
> 可燃性ガスと空気を混ぜたとき,ガスの量が少なすぎても,また多すぎてもその混合物は爆発しません.この混合物が燃えるにはガス濃度がある範囲内に入っている必要があります.
> 低い方の濃度限界を爆発下限界,高い方の濃度限界を爆発上限界といい,この範囲を爆発範囲(爆発限界,燃焼範囲,可燃限界)といいます.

たとえば,物質Aと物質Bを比較して,「物質Bより物質Aの爆発下限界濃度が低いから,物質Aの方が漏れたときに危険だ」とか,「物質Aの引火温度は70℃,物質Bの引火温度は20℃だから,物質Bの方が引火しやすいのでより危険だ」ということになります.

「引火」は着火源により火が付くことをいい,「発火」は,着火源がなくても物質の温度が高くなり火が付くことをいいます.さらに,可燃物に,着火源を近づけるわけでなく,何もしていないのに突然燃え出してしまう現象を「自然発火」といいます.

この「自然発火」は,物質がある温度の環境中に保持され,長い時間をかけて酸化が進行し,徐々に温度が上昇し発火が起きてしまう現象をいいます.

自然発火を起こす物質には,油が染みたぼろ切れ,天ぷらのかす,石炭や木材の粉,ニトロセルロースなどの化学薬品類があります.

これらの物質が自然に発火する基本的なメカニズムは，図1・20のように考えられています．また，自然発火の原因は，表1・6のように分けられます．

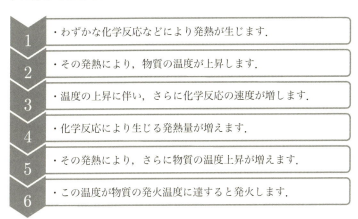

1	・わずかな化学反応などにより発熱が生じます．
2	・その発熱により，物質の温度が上昇します．
3	・温度の上昇に伴い，さらに化学反応の速度が増します．
4	・化学反応により生じる発熱量が増えます．
5	・その発熱により，さらに物質の温度上昇が増えます．
6	・この温度が物質の発火温度に達すると発火します．

図1・20 自然発火のメカニズム

表1・6 自然発火の例

自然発火の原因	例
酸化熱による発熱	乾性油，石炭
分解熱による発熱	ニトロセルロース
吸着熱による発熱	活性炭
微生物による発熱	たい肥，ごみ

(xi) 火災とは何か

(1) 火災の定義

可燃性物質を燃焼させる場合に，暖房，調理，加熱などその利用目的に合うように制御して使用する場合は，火災とはいいませんが，制御できなくなった場合を火災といいます．具体的には，次のよう

1 燃えると消す

> **コラム** **自然発火性物質**
>
> 自然発火性物質は,空気中で自然発火しやすい固体または液体の物質であり,消防危険物の第3類の「自然発火性物質及び禁水性物質」に該当します.
>
> 自然発火性物質には,次のようなものがあります.
> - 固体…第1族元素の金属(リチウム・ナトリウム・カリウム・ルビジウム・セシウム・フランシウムなど),ウラン,りん
> - 液体…ヒドラジン

に定義されています.なお,「火災報告取扱要領」は,市町村の消防機関が発生した火災1件ごとに,定期的に国(消防庁)に報告する際の取扱要領が記載されているものです.したがって,報告を必要とする「火災」の定義が明確にされています.

「火災」
　人の意図に反して発生し若しくは拡大し,又は放火により発生して消火の必要がある燃焼現象であって,これを消火するために消火施設又はこれと同程度の効果のあるものの利用を必要とするもの,又は人の意図に反して発生し若しくは拡大した爆発現象をいう.
(火災報告取扱要領)

火災のイメージを図で示すと図1・21のようになります.

3つの要素が全部含まれているものとされ,このうちいずれか1つでも該当しないものがあれば,それは「火災」ではないとされています.

また,「爆発現象」は,②と③の有無にかかわらず,火災に該当するとされています.

1.1 燃える

火災とは,

> ① 人の意図に反して発生・拡大し，または放火により発生
>
> 人の意図に反して発生しもしくは拡大し，または放火により発生する現象であることが火災として成立する上に欠くことのできない条件であって，これらの現象を放置すれば，社会通念上，公共の危険が予想される燃焼現象をいいます．

> ② 消火の必要がある燃焼現象
>
> 消火の必要がある燃焼現象であることは，燃焼拡大の危険性があると客観的に判断されるもので，燃焼物の経済的価値の有無にかかわらず，社会通念上消火の必要が継続する燃焼現象をいいます．

> ③ 消火施設または同程度の効果のあるものの利用を必要とする
>
> 消火するために消火施設または同程度の効果のあるものの利用を必要とすることは，消火効果のあるものを現に利用し，あるいはそれらのものを利用することが必要であると客観的に判断される燃焼現象をいいます．

図1・21 火災のイメージ

(2) 火災の種別

火災は，次の種別に区分されています．この場合において，火災の種別が2以上複合するときは，焼き損害額の大なるものの種別に該当するとされています．（表1・7）

建物の火災はどのように発生するのか

建物の火災の進展については，火災事例や火災実験などさまざ

1 燃えると消す

表1・7 火災の種別

火災の種別	内　容
建物火災	建物またはその収容物が焼損した火災をいいます.
林野火災	森林・原野または牧野が焼損した火災をいいます.
車両火災	原動機によって運行することができる車両および被けん引車またはこれらの積載物が焼損した火災をいいます.
船舶火災	船舶またはその積載物が焼損した火災をいいます.
航空機火災	航空機またはその積載物が焼損した火災をいいます.
その他火災	上記に含まれない火災をいいます. たとえば, 建物の外壁・屋根などに取り付けてある看板・ネオン塔・広告等・物干し・日除け・建物に付属する門（長屋門は除く）へいの類・公衆電話ボックス・郵便ポスト・路上広告塔・電柱・アーケード・公園の芝生・道路堤防法面・荒地の芝草・枯草立木類・野積わら・薪・建築材料・廃材等が焼損した火災が該当します.
爆発	人の意図に反して発生し, または拡大した爆発現象をいいます.

な研究が行われ, 火災が発生したときに最小限の被害にするための対策が確立されつつあります. 具体的には, 火災の進展に対応した対策が建築基準法令や消防法令などにより, 規定されています.

この場合の火災の進展は, 一般的に図1・22のようにされています.

(xiii) 爆発とはなにか

(1) 爆発

「爆発」は火災に含まれますが, 一般的に圧力の急激な発生又は解放の結果, 熱, 光, 音などとともに破壊作用を伴う現象とされています.

たとえば, 屋外でガスコンロ用のメタンガスが漏れ, 拡散し空気

1.1 燃える

> **コラム** 着衣着火

調理中のガスコンロの火や仏壇のロウソクの火などが，人が着ている衣服に火が付くことをいいます．

衣類の繊維の種類により燃え方は，異なります．

性質	繊維の種類	燃焼の性状
易燃性	木綿・レーヨン	炎を上げて速やかに燃え上がり，わずかに灰を残します．
	アクリル・ビニロン	溶融しながら炎を出して速やかに燃え，黒い塊状の灰を残します．
可燃性	ポリエステル・ナイロン	炎の広がりは緩やかで徐々に燃焼します．縮れながら燃焼します．
	シルク・羊毛	溶融しながら燃焼します．
難燃性	アクリル系・フェノール系	炎に触れている間は燃えるか焦げますが，炎を遠ざけるとすぐ消えます．

着衣着火で起きる「表面フラッシュ現象」

一般的には，生地の表面の毛羽に火が付き，瞬間的に衣服全体に火が走る現象をいい，表面に綿・レーヨンなどの毛羽のあるものに発生しやすいといわれています．

また，洗濯することによって毛羽立ちが発生し，表面フラッシュを起こしやすくなることがあります．

と混合しているものに火が付くと火炎は伝播（燃焼）しますが圧力上昇は小さく，爆発には至りません．しかし，この現象を閉鎖された狭い空間で起こすと，燃焼の温度上昇によって室内の気体の体積が一気に膨張します．すると，空間の圧力が急激に高まり，圧力に耐え切れない扉や窓ガラスが割れ，そこから一気に高圧の気体が噴出

1 燃えると消す

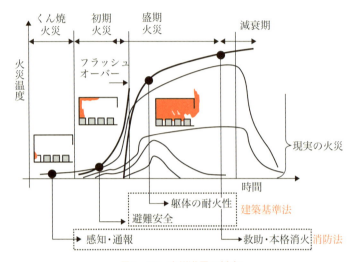

図1・22 火災進展と対応

表1・8 火災進展の性状

火災の進展	性　状
くん焼火災 （極初期火災）	火災の始まりであり，熱による炭素を含んだ固体物が直接酸素と反応して，固体の表面で無炎燃焼します．この高温の固体が隣り合った燃えていない部分を加熱して，今度はそこが熱分解を起こして新しい炭化固体をつくり，同じように固体の表面で燃焼して…と，それを繰り返して，緩慢な速度で継続します．
成長期 （初期火災）	徐々に火勢を強め，床から壁，天井へと周囲に燃え広がります．
火盛り期 （盛期火災）	フラッシュオーバーと呼ばれる急激な拡大現象が起こり，室全体が炎に包まれるような状態になり，温度は，約600℃〜1 200℃で推移します．
減衰期	可燃物の大部分が燃え尽き，火勢が下降し始めます．

1.1 燃える

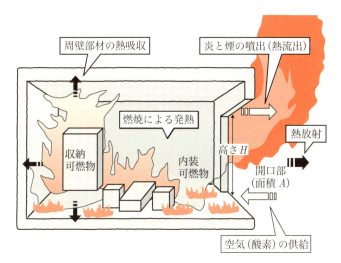

図1・23　火災室内イメージ

する現象が起こり，「燃焼爆発」という現象となります．

この燃焼爆発は，気相（燃焼の直前の形態が気体）における燃焼現象であり，気相爆発といいます．気相爆発には，ガス爆発のほかに噴霧爆発（灯油などの可燃性液体の噴霧されたものによる燃焼爆発），粉じん爆発（炭の粉，小麦粉，鉄粉などの浮遊粉じんの燃焼爆発）があります．

爆発は，気体だけでなく，液体や固体でも起き，液相爆発または固相爆発といわれます．

火薬や爆薬の爆発がこれに該当し，これらの爆発では体積の膨張が気相爆発に比べて激しく，衝撃波や圧力波が容易に発生し，爆発の威力も増します．

これらのことから，燃焼と爆発の違いは，急激な「伝播する速度の変化」と「圧力の変化」，「温度の変化」にあるといえます．

1 燃えると消す

> **コラム** **フラッシュオーバー（flashover）**
>
> 室内の局所的な火災が，数秒〜数十秒のごく短時間に，部屋全域に拡大する現象をいいます．また，フラッシュオーバー発生機構の一般的な考え方としては，「局所的な火災によって熱せられた天井や煙層からの放射熱によって，局所火源そのもの，あるいはその他の可燃物が外部加熱を受け，それによって急速な延焼拡大が引き起こされ全面火災に至る」とされています．

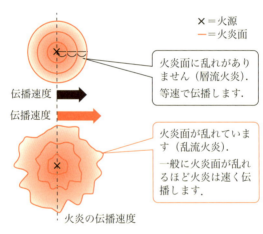

図1・24　火炎の伝播速度[1]

(2) 爆発の際に発生する音の正体は？

爆発の際には，爆音が発生します．聞こえる音は，空気の振動であり，この振動が鼓膜を震わせ，脳が音として認知します．圧力波の振幅の小さい場合が「音」であり，圧力波の振幅が大きくなるほど

1.1 燃える

音速よりも速い速度で空気中を伝わり,急激に,瞬間的に空気が振動され「爆発音」として聞こえます.

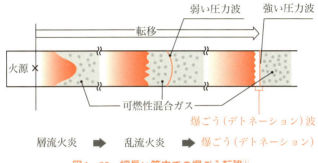

図1・25　細長い管内での爆ごう転移[1]

> **コラム**　**爆発と破裂**
>
> 爆発は,燃焼現象の一形態であり,火災に該当します.一方,破裂とは,燃焼現象を伴わない,物理的現象であり,圧力により容器が破損する場合をいいます.
>
> **爆ごう(デトネーション)**
>
> ダイナマイトなどの爆薬が爆発すると,激しい音と衝撃波(圧力波)を伴います.音速を超えて伝わる衝撃波とその直後の反応帯が一体となって進む波を爆ごう波といいます.

1 燃えると消す

1.2 消す

(i) なぜ火は消えるのか

　火が燃えるためには，①熱エネルギー，②可燃物および③酸素の「燃焼の3要素」と連鎖反応が必要となります．では，この火を消すためには，どうすればいいのでしょうか．

(1) 火は自然に消える？

　たき火を続けるには薪をくべる，ストーブは石油や石炭・コークスを供給するなど，火を燃え続けさせるためには，常に燃料となる可燃物を供給することが必要です．この燃料となる可燃物がなくなると，火は消えてしまいます．

　山火事の場合，燃える草木が連続しているため，次々と燃え広がり，これらの草木がなくなるところまで燃え広がります．この火を消すためには，地上では水を直接かけたり，ヘリコプターから消火剤を投下したり，かなり大がかりな方法が必要となります．山火事の場合，火は，風の方向により，風上から風下の方向に燃え広がります．また，山麓付近で発生した火は，風の影響がない場合には，低いところから高いところとなる山頂に向けて燃え広がります．山頂や稜線付近で風の方向が変わることなどにより燃え止まることがあります．また，運良く雨が降れば，消えることがありますが，なかなかこのようには行きません．

　火災の場合，消火する手段や道具のないときは，燃えるに任せ，燃えるものがなくなり，自然に消えるまで待つしかありません．

　燃えるものをなくす，この消火方法には，江戸時代の消火の主力であった火災の周囲の家屋などを破壊し燃え広がりを防止する「破壊消防」や山火事の場合に木などを切り倒し防火帯をつくる等があ

1.2 消す

ります.

図1・26 破壊消防のイメージ

> コラム　**山火事**
>
> 一般に森林火災のことをいいますが，林野火災ともいいます．どこで燃えているかにより，地中火，地表火，樹冠火，樹幹火と区別することもあります．火災の原因には，落雷，火山噴火，摩擦などによる自然的なもののほか，人為的な失火によるものもあります．

(2) 火は水をかけると消える？

　水は，われわれの身近にある最もありふれた液体であり，動植物の生命を維持するには必要不可欠であり，さらにさまざまな産業活動にも不可欠なものです．水は，ほかの物質に比べて比熱が大きく，ほかの物質に接触すると熱を奪いやすいといわれています．燃えているものに水をかけると，蒸発する際に急激に熱を奪います．その結果，継続的に燃焼するための熱エネルギーを奪い，消火することができます．

　水には，火を直接消すほかに，可燃物などを濡らすことにより，燃えにくくする効果があります．濡れた可燃物などが燃えるためには，水分を取り除き乾燥させる必要があります．乾燥させるためには水

1　燃えると消す

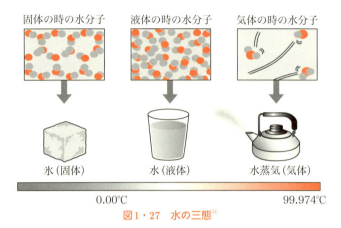

図1・27　水の三態[1]

分を蒸発させる必要があり、このときに多くの熱エネルギーを必要とします。この際に継続燃焼するための熱を奪い、消火されます。

水は、身近にあり、消火に使用するものとしては最適ですが、継続的に、かつ、効率的に放水するためには、機械器具などを利用する必要があります。

江戸時代には、街角に消火用水を入れた大きな桶と、バケツ代わりの桶が設置され、火災に備えていたようです。

また、消火器具として竜吐水や水鉄砲が使われ、今でいう水消火器に相当するものがありましたが、自ずと消火能力には、限界があったようです。

(3) 火は空気(酸素)がなくなると消える？

空気には、約8割の窒素と約2割の酸素のほかに、若干の二酸化炭素などが含まれています。燃えるには、空気(酸素)が必要であることを確認する実験として、広口瓶に点灯したろうそくを入れ、蓋をして確認する方法がよく知られています。これは、広口瓶の中の限ら

1.2 消す

図1・28　消火用水[1]

図1・29　竜吐水

図1・30　水鉄砲

れた酸素を使用してろうそくが燃焼し，しばらくの間燃えていますが，燃焼に酸素が使用され酸素の量が少なくなることから，徐々に炎が小さくなり，継続燃焼できる酸素がなくなったときに消えます．

　空気中の酸素濃度を低下させる，または遮断して，消火する方法を抑制消火または窒息消火といいます．一般的に酸素濃度が13％程度以下にすると継続燃焼ができなくなり，火は消えます．また，燃えているものを泡や布などで覆い，空気の供給を遮断することでも，消すことができます．

1 燃えると消す

> **コラム** **比熱**
>
> 比熱とは，1g当たりの物質の温度を1℃上げるのに必要な熱量のことであり，物質1g当たりの熱容量ともいわれます．
>
> 主な物質の比熱 [J/g・K] は，次のとおりです．
>
> | 物質 | 温度 [℃] | 比熱 [J/g・K] |
> |---|---|---|
> | 水 | 0 | 4.217 |
> | アルミニウム | 0 | 0.880 |
> | 鉄 | 0 | 0.435 |
> | 銅 | 0 | 0.379 |
> | 黄銅 | 0 | 0.387 |
> | 銀 | 0 | 0.235 |
> | 水銀 | 0 | 0.140 |
> | 鉛 | 0 | 0.129 |
> | 木材 | 20 | 1.250 |
> | ポリエチレン | 20 | 2.230 |
> | ガラス | 10〜50 | 0.670 |

(4) 火を叩くと消えるのはなぜ？

火は，酸素のある環境において，可燃物があり，燃えるための熱エネルギーが存在し，これらが連続的に供給されることにより，燃え続けることができます．これらの状況に少しでも変化があれば，継続的に燃えることができなくなり，火が消えることとなります．

たとえば，比較的小さな火（たき火の火や薪などの火）は，直接タオルや木の枝などで叩くと，消えることがあります．どの程度燃えていて，何で叩いたかにもよりますが，叩くときの勢いで燃えるものを吹き飛ばす，勢いで瞬間的に酸欠にする，炎を勢いで吹き消す，

1.2 消す

> **コラム** 空気の主な成分
>
> 地表付近の大気の主な成分は，乾燥空気の状態で，次の表のようになっています．また，空気中には，水蒸気が含まれていますが，場所や時間により異なり，最大でも4％程度以下とされています．
>
> | 成分 | 化学式 | 体積比（％） |
> |---|---|---|
> | 窒素 | N_2 | 78.084 |
> | 酸素 | O_2 | 20.9476 |
> | アルゴン | Ar | 0.934 |
> | 二酸化炭素 | CO_2 | 0.032 |

表1・9 酸素濃度低下による人体への影響

酸素濃度	状況・作用など
20.9 %	空気の組成
18.0 %以上	作業環境基準値（酸素欠乏症等防止規則）
16.0 %	人の適応限界
16.0 %以下	脈拍・呼吸数の増加，頭痛，吐き気
13.0 %相当	富士山山頂（3 776 m），酸素分圧換算 継続燃焼ができなくなる濃度
10.0 %以下	失神，けいれん
7.0 %相当	エベレスト山山頂（8 848 m）酸素分圧換算
6.0 %以下	数呼吸で失神，昏睡，呼吸停止，心臓停止
0 %	1回の呼吸で死（2秒以内に脳の活動低下，停止）

※ 酸欠の後遺症：言語障害，運動障害，健忘症，幻覚，視野狭さく，ノイローゼなど

1 燃えると消す

表1・10　酸素濃度上昇による人体への影響

酸素濃度	状況・作用など
60％以上	12時間以上吸入すると肺の充血
40％以上	異常燃焼（木綿の織物は空気中の3倍の燃焼速度，2倍の燃焼温度）
25％以上	酸素富化状態
22％以下	火気取扱い作業上限
20.9％	空気の組成

> **コラム**　ひーたたき【火×叩き】
>
> 　消火用具の1つ．竹ざおの先に30 cmぐらいに切った縄の束をつけたもので，これで叩いて火を消します．

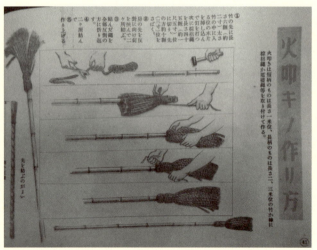

※　大日本防空協会編（内務省推薦）「防空絵解き」（1942年）

1.2 消す

勢いで冷却されるなど，これらの勢いが火に負けないときには消すことができます．

また，ろうそくの火は，息を吹きかけると消えますが，これも火を叩いて消すのと同じように，吹くときの勢いで燃えるものを吹き飛ばす，吹く勢いで瞬間的に酸欠にする，炎を勢いで吹き消す，吹く勢いで冷却されるなどによります．

(5) 火が消えるのはなぜ？

火が継続的に燃えるためには，燃えるもの，酸素と熱が継続的に供給されることが必要であり，これらの燃えるもの，酸素や熱を取り除くと，継続燃焼ができなくなり，消すことができます．

当然，燃えるものがなくなれば，消えます．また，水をかけると，燃えているものが水で冷やされて温度が下がり，または水や水蒸気に覆われて酸素がなくなり消えます．さらに，燃える物が水に濡れることにより，燃えにくくなり，燃える物を除去したことと同じになります．

一方，水をかけると危険な場合があります．天ぷら油の火に水をかけると，水が一気に沸騰して水蒸気になり，その勢いで油が飛び散り，周りのものに火が移ることもあり，消えません．また，ガソリンの場合，水をかけるとかえって炎が大きくなり，また水より軽いので，水に浮き火災が広がってしまいます．このような火災に使用されるのが，水以外の消火剤が入っている消火器です．消火器の中には，消火効果のある粉末，液体または気体が入っており，これをホースで放出し，燃えているものを包み込むことにより，冷却や酸素を希釈または遮断し火が消えます．

1 燃えると消す

図1・31　ガソリンに水をかけると

(ii) 消火には3要素ともう1つの要素がある

　火は，燃焼の3要素（可燃物・熱・酸素）を1つ以上除去する，または連鎖反応を抑制または遮断することにより，消火することができます．

　一般的には，消火の3要素（可燃物の除去・熱の冷却・酸素の遮断）といいますが，これだけでは，消火のメカニズムを説明できない現象があり，「連鎖反応の抑制・遮断作用」を加え，消火の4要素としている場合があります．連鎖反応の抑制・遮断作用の代表的なものに粉末消火剤やハロゲン系の消火剤などがあり，炎により加熱等され化学反応が起こり，燃焼の連鎖反応が抑制または遮断されます．

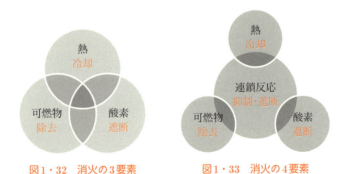

図1・32　消火の3要素　　　図1・33　消火の4要素

1.2 消す

> **コラム　ハロゲン化物消火剤**
>
> 　消火原理は，燃焼の連鎖反応を抑制する負触媒効果によるもので，消火剤には，ハロン1301，1211および2402のほか，2001年にオゾン層を破壊しない2種類の消火剤（HFC-23，HFC-227ea）があります．
>
> 　ハロゲン化物消火剤は，航空機搭載用として開発されたものであり，重量容積が小さくても単位容積当たりの消火力が大きく，また，耐電性・耐金属腐食性があり，電気機器，電算機などが設置されている部屋で使用されています．また，揮発性も大きく，放射後に汚損を残さないことから，図書，重要美術品などの消火にも適しています．
>
> 　一方，ハロン1301，1211および2402は，オゾン層を破壊する物質として指定され，1994年から新たな生産が全廃されていますが，「ハロンバンク推進協議会（現：消防環境ネットワーク）」が設立され，既生産済みのハロンを管理し，不要となったハロンの回収や，既設設備への再利用などを行っています．

　燃焼の連鎖反応を起こしている活性な原子や原子団を，不活性な物質に変えることによって連鎖反応が断ち切られ，燃焼が抑制されます．これを抑制作用（負触媒作用）といい，たとえばふっ素，塩素，臭素，よう素などのハロゲン元素にはこの作用があり，これらの化合物が消火剤として使用されています．

　ハロゲン元素を使用した消火剤の抑制作用とは，ハロゲン化物の熱分解によって生成したハロゲン原子が炭化水素などの燃料から発生した水素と反応してハロゲン酸になり，このハロゲン酸はさらに活性な水酸基と反応してその活性を奪い，燃焼の連鎖反応を止める作用のことです．この結果ハロゲン原子は再生されるので，再び元に戻って反応を繰り返し，燃焼体から活性なH，OHを取り除き，燃

1 燃えると消す

焼が終わるまでこの反応サイクルが続き消火されます．

(iii) なぜ火が消えるか化学する

燃焼は，燃焼している可燃物の周囲の可燃物が加熱され順次，燃焼状態が継続され，連鎖的に延焼，拡大していきます．また，延焼拡大していく段階で，可燃物の除去，冷却または酸素の希釈・遮断を行うことで消火することができます．

火が小さいうちは，可燃物を除去することにより，容易に火が消えます．たとえば，ロウソクの火は，息を吹き付けると，綿などの

表1・11 消火手段と消火効果

区分	消火手段	消火効果
除去消火法	可燃物を取り去ります． ・山火事の発生している場所の周囲の木を伐採します． ・火災の発生している建築物の周囲の建築物を解体・撤去します．（破壊消火） ・ロウソクの火を吹き消します．（ロウの蒸気を吹き飛ばすため） ・都市ガスの栓を閉じます．	・可燃物の除去 ・可燃物の供給の停止
窒息消火法 (希釈消火法)	酸素を取り去ります．（酸素濃度を低下させる） ・火に砂をかけます． ・爆発を起こして周囲の空間の酸素を瞬時に消費します．（爆風消火） ・密閉された屋内に不活性ガス（CO_2やハロゲンなど）を注入して酸素濃度を低下させます． ・屋内などを密閉して酸素濃度を低下させます．	・空気の遮断 ・酸素濃度の低下
冷却消火法	・熱エネルギーを取り去ります． ・水をかけます．	冷却
化学的消火法	・可燃物の電子を不活性化させ燃焼の連鎖反応を遮断します． ・ハロゲン系の消火剤や粉末消火剤を使用します．	・負触媒作用 ・抑制作用

1.2 消す

芯により吸い上げられている燃料（パラフィンなど）が吹き飛び，消えます．

火が徐々に成長すると，平面的な広がりだけでなく，立体的に拡大し，可燃物を除去する範囲が広くなったり，消火するにも大量の水や消火剤が必要になり，大がかりな消火設備機器が必要となります．

火災の際の消火手段や消火効果については，表1・11のように整理することができます．

図1・34は，火災が拡大する際に起きている連鎖とその時点における連鎖を断ち切る要素を示したものです．

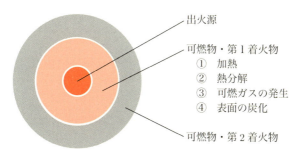

図1・34　火災の拡大イメージ

表1・12　出火源・可燃物の例

項目	内容
出火源	火災の火種となるものであり，たばこ，マッチ，ライターなどが該当します．
可燃物・第1着火物	火源の周辺にある可燃物で，紙くず，布団，衣類，絨毯などが該当します．
可燃物・第2着火物	第1着火物からさらに火災が燃え移るもので，家具調度類，カーテン，障子，ふすまなどが該当します．

1 燃えると消す

```
① 出火源の周囲にある可燃物・着火物
  ↓ → 周囲の可燃物を除去 → 除去・破壊消火
② 出火源の熱で加熱される
  ↓ → 水などで冷却 → 冷却消火
③ 着火物が熱され表面が熱分解する
  ↓ → 水などで冷却 → 冷却消火
④ 着火物から可燃性の   → ⑤ 可燃性ガスが引火・着火
   ガスが発生する           する
  → 水などで冷却 → 冷却消火 → 酸素の希釈・遮断
                      → 窒息・希釈消火
⑥ 着火物の表面が炭化   → ⑦ 炭化した部分が引火・着火
   する                   する
  → 水などで冷却 → 冷却消火 → 酸素の希釈・遮断
                      → 窒息・希釈消火
                   ⑧ 炭化した部分から発火する
                      → 酸素の希釈・遮断
                      → 窒息・希釈消火
```

図1・35　火災の拡大と消火の代表的な組み合わせの例

(iv) 冷やすと消える

　火災の際に水をかけると，水が蒸発したり，直接火面に到達し温度を下げることができ，燃焼に必要な熱エネルギーを奪い，消火することができます．

　一般に木材，紙，繊維などセルロース系の可燃物の火災は，水をかけることで急激な冷却と水蒸気による酸素の希釈・遮断により直接火を消すほか，燃えるものが濡れることにより，延焼拡大や再燃を抑えられ，火災の拡大が防止できます．

　水で消すことが難しい火災の代表例には，油火災（石油類その他の

1.2 消す

> コラム　水を大量に放水することができるもの

普通の火災に使用される消防ポンプ自動車は，1分間に2 000 L程度の水を出すことができ，通常4口の放水口を有していることから，1口当たり1分間に500 L程度の放水が可能です．また，消防隊員が持つホース・ノズルは1口当たり1分間に400 L程度の水が放水されます．

一方，石油タンク火災の消火に使用する大容量泡放射砲システムは，1分間に3 000 Lから10 000 Lの泡水溶液を放水することができますが，ポンプや送水用ホースなどが大きくなり，迅速に移動して使用することが難しい，といわれています．

このほかに，海水を内陸部に大量に送水することのできる遠距離大量送水システムなどがあります．

遠距離大量送水システムは，海や河川にある自然水利を活用して，1分間に3 000 Lの消火用水を1 km先まで送水することができます．

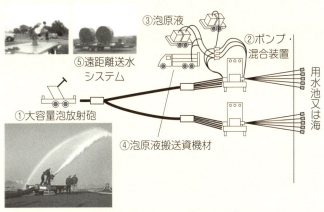

大容量泡放射システム構成図（例）(iv)

1 燃えると消す

可燃性液体，半固体油脂類などが燃える火災）があります．油火災は，一般的に燃焼速度が速く，発熱量も大きく，水が火面に到着するまでに急激に蒸発し大量の水蒸気が発生します．すると，爆発的な現象が生じ，火面の温度を下げることができず消火することができません．また，消火に使用した水により，水より軽い油が広範囲に拡大するおそれもあります．

このような火災には，泡消火剤を用いて火面を覆い窒息消火したり，粉末の消火剤を用いて連鎖反応を遮断する抑制消火を行います．

一般に山火事は，乾燥している季節（太平洋側では冬期や春先の草木が芽吹く前など）に発生し，急激に拡大し燃えている部分も広大となります．また，斜面の多い地形であり，水源も限られているため，消火することが困難となります．このときに雨が降れば，火災となっている広範囲の部分を消火することができますが，通常は水を大量にかけることが難しいため，消火に手こずることも珍しくありません．

(v) 水で消せない火災の消火はどうする

(1) 金属火災の消火

火災のときに水をかけると爆発，飛散拡大し，消火が困難となる火災に，金属火災があります．金属の細かい粉末や箔状のものは，表面積が大きくなることから空気や水と反応しやすくなり，直接燃えたり，水と反応し水素などを発生して燃えます．金属が燃えているところに水をかけると，反応が進み爆発することがあります．燃える金属には，表1・13のようなものがあり，消防法で危険物とされています．

金属火災は，水などの通常の消火剤では消火できないどころか，爆発を誘引したりする可能性のある厄介な火災です．この金属火災

1.2 消す

表 1・13 燃える金属

類 別	性 質	品 名
第2類	可燃性固体	鉄粉，金属粉，マグネシウム
第3類	自然発火性物質および禁水性物質	カリウム，ナトリウム，アルカリ金属（カリウムおよびナトリウムを除く），金属の水素化物，金属のりん化物，カルシウムまたはアルミニウムの炭化物

を消火するには，窒息（燃焼金属表面を消火剤で十分覆い酸素を遮断）作用と冷却（燃焼物の温度が低下するまで静置する）作用を利用します．金属火災には，消火剤として，乾燥砂，膨張ひる石（バーミキュライト），膨張真珠岩（パーライト）などがあり，金属火災用の消火剤散布器を用いることもあります．

(2) 禁水性物質・自然発火性物質の消火

「禁水性物質」は，水に触れると発火したり可燃性ガスを発生する固体または液体の物質をいいます．また，「自然発火性物質」は，空気中で自然発火しやすい固体または液体の物質をいいます．

具体的な物質は，カリウム・ナトリウム・アルキルアルミニウム・アルキルリチウム・アルカリ金属およびアルカリ土類金属・有機金属化合物・金属の水素化物・金属のりん化物・カルシウム又はアルミニウムの炭化物・リチウム・水素化リチウム・水素化ナトリウム・水素化ほう素ナトリウムなどです．

これらの物質が媒体となる火災には，水や泡の消火剤を使用することは厳禁です．火災面を粉末消火剤か乾燥砂で被覆し，空気と遮断することにより消火します．ただし，黄りんは，自然発火性のみの特徴をもっており，水や強化液，泡を使用した「冷却消火」で消火します．

1 燃えると消す

表1・14 金属火災の消火剤

消火剤	内容など
乾燥砂	川砂または海砂から水分・塩分などを除いたものです．
膨張ひる石（バーミキュライト）	バーミキュライトは，農業や園芸に使われる土壌改良用の土や建設資材としても使われます． 原鉱石のひる石を800 ℃ほどで加熱風化処理し，10倍以上に膨張させたものです．消火用としては，高温処理し含有水分を気化させ，岩石が細かい気泡をもった軽石のように膨張したものを粉末にし，シリコン加工したものを用います．
膨張真珠岩（パーライト）	加熱により膨張する性質をもつガラス質火山岩の総称で，一般に真珠岩原石をいいます．真珠岩原石に含まれる水分量，組成により真珠岩，黒曜石，松脂岩に分類されます． 加熱処理すると4〜20倍の体積に膨張発泡し，工業製品であるパーライト（発泡体）となります． 消火用としては，高温処理し含有水分を気化させ，岩石が細かい気泡をもった軽石のように膨張したものを粉末にし，シリコン加工したものを用います．
金属火災用の消火剤散布器	金属火災の特性に応じた消火剤を消火器と同様の形状をした散布器に充てんして使用します．

1.2 消す

(vi) 水以外の消火剤には何がある

(1) 水による消火は

水は，入手しやすく，最も優れた消火剤ですが，消火するためには大量に必要であり，また，身近に備えておく場合にも場所を必要としたり，適正に管理するためには困難な場合もあります．

水の消火作用は，冷却と濡れることによって燃えにくくすることです．水は，表面張力が大きいことからものに当たると水滴などになり，表面に付着せずに流れ落ちてしまい，内部に浸透しにくく濡らすには大量の水が必要となります．

> **コラム　濡れ水**
>
> 水の表面張力を低下させ，濡れやすくするために，界面活性剤などを添加したものであり，ものに付着し，内部へ浸透しやすくなり，濡らしやすくなります．

(2) 水以外の消火剤は

水に換わり，少量で消火効果の高い消火剤が開発され，用途に応じて，効率よく消火することができ，消火後の処理が容易であるものがあります．火災の発生に備え，効果的に設置することが必要です．これらの，水以外の消火剤には，液体（水系），固体（粉末系）および気体（ガス系）のものがあります．

(3) 液体（水系）の消火剤の種類には

水に消火効果を向上させるための薬剤などを添加したものであり，添加する薬品などの効果により，表1・17のようなものがあります．

(4) 固体（粉末系）の消火剤の種類には

消火効果のある薬剤を主成分とし，防湿加工を施した180μ（ミク

1 燃えると消す

表1・15 消火剤と消火効果

消火剤の区分	消火効果
液体（水系）	冷却効果が主体，窒息効果または不触媒効果
固体（粉末系）	負触媒効果が主体，窒息効果
気体（ガス系）	負触媒効果（抑制効果），酸素濃度の低下，窒息効果

表1・16 粉末消火剤の消火効果

名称	概要	消火効果
第1種	炭酸水素ナトリウム（BC）	火炎熱により微細粒子粉末から分解生成されるアルカリ金属イオン，アンモニウムイオン，りん酸イオンなどによる燃焼連鎖反応を抑制する負触媒効果，粉末による窒息効果
第2種	炭酸水素カリウム（BC）	
第3種	りん酸塩類等（ABC）	
第4種	炭酸水素カリウムと尿素の反応物（モネックスBC）	

ロン）以下の微細な粉末であり，表1・16のものがあります．

(5) 気体（ガス系）の消火剤の種類には

消火効果から大きく2つに区分され，消火効果のある薬剤などを主成分とするハロゲン化合物系（ハロカーボン系）と不活性ガスを主成分とするもので空気中の酸素濃度を低下させる不活性ガス系（イナート系）があります．

(a) ハロゲン化合物系（ハロカーボン系）の消火剤

ハロゲン化合物系の消火剤は，次の特徴を有しています．

① 全域放出用消火ガスです．
② クリーンな消火ガスで，放出後に残渣がありません．
③ 液化ガスです．
④ 非導電性です．

1.2 消す

表1・17 液体消火剤と消火効果

名　称	概　要	消火効果
強化液消火剤	アルカリ金属塩類の水溶液です．アルカリ性反応を示します．凝固点は，-20℃以下です．	A火災では水の冷却効果，B火災では燃焼連鎖反応を抑制するアルカリ金属イオンによる負触媒効果があります．
強化液(中性)消火剤	アルカリ金属塩類などの水溶液（ふっ素系界面活性剤や炭化水素系界面活性剤が含有され，放射すると泡を形成する）です．中性反応を示します．凝固点は，-20℃以下です．	A火災では水の表面張力低下による木材などへの浸透性効果，付着効果と水の冷却効果，B火災では泡による窒息効果と冷却効果があります．
化学泡消火剤	化学反応により泡を形成する消火剤です．炭酸水素ナトリウムと硫酸アルミニウムが混合反応し，泡を生成します．	化学反応により発生する二酸化炭素が水酸化アルミニウムを核とした泡を発泡させます．A火災では泡の付着性による窒息効果と水の冷却効果，B火災では泡による窒息効果と冷却効果があります．
機械泡消火剤	炭化水素系合成界面活性剤を主剤とし，泡ノズルにより泡を生成する中性の水溶液です．ふっ素系界面活性剤を添加した油面上に水成膜を形成するものもあります．	A火災では表面張力低下による木材などへの浸透性効果と水による冷却効果，B火災では泡による窒息効果と冷却効果．水成膜については油蒸発抑制効果があります．
たん白泡	たん白質を加水分解したものを基剤とする泡消火剤です．	火災面を泡で覆うことによる窒息消火と冷却消火があります．
合成界面活性剤泡	合成界面活性剤を基材とする泡消火剤で，高発泡使用に適します．	
水成膜泡	合成界面活性剤を基材とする泡消火剤で，ふっ素系界面活性剤の表面張力低下能により油面上に膜を形成します．	
大容量泡放水砲用	石油コンビナート等災害防止法施行令に規定する大容量泡放水砲用泡消火剤で，大容量泡放水砲に用います．	
水（浸潤剤等入り）	浸潤剤，不凍剤その他消火能力を高め，性状を改善するために薬剤を添加物として混和した水です．	水による冷却効果と燃焼連鎖反応を抑制する添加物生成イオンによる負触媒効果，浸透性効果，防じん効果があります．

1　燃えると消す

⑤　オゾン層破壊係数（ODP）が0です．

　ただし，ハロン1301，ハロン1211およびハロン2402は，オゾン破壊係数が大きいことからオゾン層破壊物質として指定され，製造が全廃されています．

> **コラム**
>
> **A火災（普通火災）**
> 　油火災以外の火災で，木材，紙，繊維などが燃える火災をいいます．
>
> **B火災（油火災）**
> 　石油類その他の可燃性液体，半固体油脂類などが燃える火災をいいます．
>
> **C火災（電気火災）**
> 　電気設備機具などが通電状態で火災となったものをいい，感電などの危険性があるものをいいます．
>
> **絵表示**
> 　消火器には，次のような絵表示がされています．
>
> 　　普通火災用　　　　油火災用　　　　電気火災用
>
>
>
>
> 地を白色　　　　　地を黄色　　　　地を青色
> 炎の記号を赤色　　炎の記号を赤色　　電気の記号を黄色
> 可燃物の記号を黒色　可燃物の記号を黒色

1.2 消す

> **コラム** オゾン層破壊係数（ODP（Ozone Depletion Potential））

化合物の1kg当たりの総オゾン層破壊量をCFC-11（トリクロロフルオロメタン）の1kg当たりの総オゾン破壊量で割ったものです．つまり，CFC-11のオゾン層破壊係数を「1」として，ほかの物質の強度を相対的に示すものです．これによるとハロンがほかの物質に比較すると相対的に大きな値を示します．これは臭素が塩素よりもオゾン層破壊の効果が大きいことが要因です．

表1・18 ハロゲン化合物系の特性と消火効果

名　称	概　要	消火効果
ハロン1301*	生ガスの毒性が少なく，防護区域の完全密閉の必要は少なくてすみます．	酸素濃度の低下と冷却効果があります．重い（空気の約4～9倍の重さ）不燃性の気体または蒸気が燃焼物を被覆して窒息作用するとともに，ハロゲン元素のもつ負触媒効果（抑制効果）も著しく働きます．ハロゲンの負触媒作用とは，燃焼の連鎖反応過程中に負触媒の働きをして，燃焼の継続を遮断することです．
ハロン1211*	無色透明の気体または液体で，やや臭気があり，火熱に対すると分解物質を生成し，強い刺激臭を発します．	
ハロン2402*	無色透明の気体または液体で，やや臭気があり，火熱に対すると分解物質を生成し，強い刺激臭を発します．	
HFC-227ea (FM-200)	無色透明の液化ガスで，常温では安定，高温（裸火，赤熱金属表面など）で熱分解します．	
HFC-23 (FE-13)	無色透明の液化ガスで，常温では極めて安定であるが，裸火などの高温熱源に接触すると熱分解して，ふっ化水素（HF），ふっ化カルボニル（COF_2）などの毒性ガスを発生します．	
FK-5-1-12 (Novec1230)	無色透明の液体で，沸点は，49℃とほかの消火剤より高いことから，消火ガスが十分に気化することを確認する必要があります．	

*印は，オゾン層破壊物質として指定され，製造が全廃されています．

1 燃えると消す

HFC-227eaは,一般的に窒素で加圧して貯蔵していますが,HFC-23は,窒素による加圧の必要はないとされています.

これらのガスは,ハロン1301より放出濃度が高いので,通常の貯蔵形態において貯蔵に要する空間は,ハロン1301より大きくなります.

また,ハロン1301と同じ消火条件下では,ふっ化水素等の腐食性・毒性を有する分解生成物を多く発生する傾向にあります.

(b) 不活性ガス系(イナート系)の消火剤

不活性ガス系の消火剤は,次の特徴を有しています.

① 全域放出用消火ガスです.
② クリーンな消火ガスで,放出後に残渣がありません.
③ 非導電性です.
④ オゾン層破壊係数(ODP)が0です.

消火の作用としては,室内の酸素濃度を継続的に燃焼できないレベル(酸素濃度を概ね13%以下)まで下げることにより,火災を抑制するものです.

表1・19 不活性ガス系の特性と消火効果

名称	概要	消火効果
CO_2 (二酸化炭素)	無色無臭の気体で,人命に対し非常に危険	空気の供給を遮断あるいは酸素濃度低下による窒息効果または酸素濃度の希釈により消火する.CO_2には,若干冷却効果がある.
IG100 (NN100)	無色無臭の気体で,単なる低酸素下のため人体は危険	
IG55 (アルゴナイト)	無色無臭の気体で,単なる低酸素下のため人体は危険	
IG541 (イナージェン)	無色無臭の気体で,CO_2の添加による呼吸促進効果があり,人体は安全	

1.2 消す

(vii) 消火するための設備・機器には何がある

火災を発見したら、ただちに消火し、被害を最小限にすることが重要ですが、火災発生時に必ずしも人がいるとは限りません。設備機器を用いた消火手段には、人が使用して消火する手段と自動的に消火する手段があります。

また、水や水以外の消火剤を効率的に放射することができる消火設備・機器には、さまざまなものが開発されています。これらの種類と概要は、次のとおりです。

表1・20 消火設備の種類

消火設備の種類	概要
消火器	消火剤を圧力により放射して消火を行う器具で、人力で移動でき、人が操作するものです。 ※ 蓄圧式消火器の例 (安全弁、指示圧力計、上レバー、下レバー、サイホン管、ホース、消火薬剤、ノズル)
簡易消火用具	水バケツ、水槽、乾燥砂、膨張ひる石、膨張真珠岩があり、いずれも人が使用します。 ※ 水バケツの例

1 燃えると消す

| 屋内消火栓設備 | 建物内に固定された設備を使用して，人が操作をして消火するものです．性能・機能などにより，1号消火栓と1人で容易に操作できる易操作性1号消火栓，2号消火栓，広範囲型2号消火栓があります． |

※ 屋内消火栓設備の例

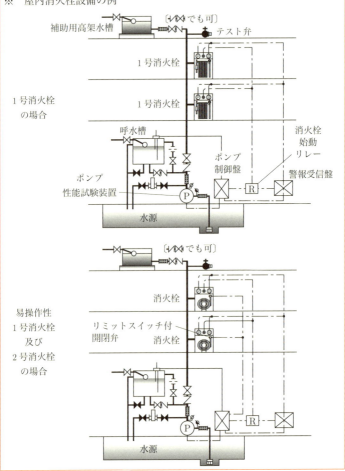

1.2 消す

スプリンクラー設備	閉鎖型ヘッド，開放型ヘッドおよび放水型ヘッドなどがあります．閉鎖型ヘッドを使用するものは自動的に火災を感知し，かつ，消火することができます．

※ スプリンクラーヘッドの例

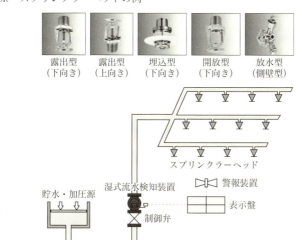

水噴霧消火設備	水を噴霧状に放射するもので，駐車場など油火災に対応します．

※ 火災検知器起動方式の例

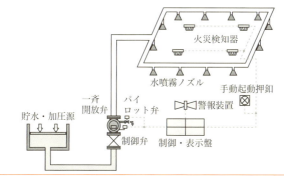

1 燃えると消す

泡消火設備	泡を放射する設備で，主として油火災が発生する場所に設置します．

※ 駐車場泡消火設備のシステム例

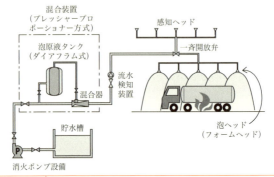

不活性ガス消火設備	二酸化炭素，窒素などの不活性ガスを消火剤とするもので，水により消火することが困難または二次災害を発生するおそれがある場所などに設置されます．

※ 窒素ガス消火設備の例

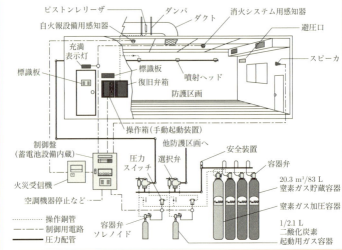

1.2 消す

ハロゲン化物消火設備	ハロゲン化物を主成分とする消火剤を使用し，水により消火することが困難または二次災害を発生するおそれがある場所などに設置されます．

※ ガス消火剤 Novec™ 1230 の設備の例

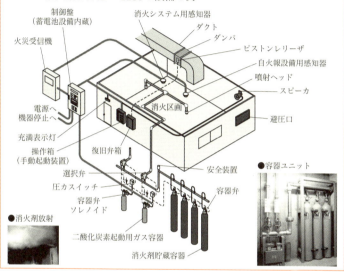

1 燃えると消す

| 粉末消火設備 | 粉末消火剤を使用し，水により消火することが困難，または二次災害を発生するおそれがある場所などに設置されます． |

※ 粉末消火設備の構成と放出方式の例

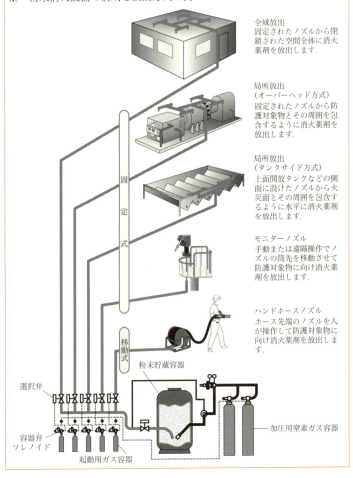

全域放出
固定されたノズルから閉鎖された空間全体に消火薬剤を放出します．

局所放出
(オーバーヘッド方式)
固定されたノズルから防護対象物とその周囲を包含するように消火薬剤を放出します．

局所放出
(タンクサイド方式)
上面開放タンクなどの側面に設けたノズルから火災面とその周囲を包含するように水平に消火薬剤を放出します．

モニターノズル
手動または遠隔操作でノズルの筒先を移動させて防護対象物に向け消火薬剤を放出します．

ハンドホースノズル
ホース先端のノズルを人が操作して防護対象物に向け消火薬剤を放出します．

固定式
移動式
粉末貯蔵容器
選択弁
容器弁ソレノイド
起動用ガス容器
加圧用窒素ガス容器

1.2 消す

| 屋外消火栓設備 | 建物の外に固定された設備を使用して，人が操作をして消火するものであり，建物の外に設置されます． |

※　文化財用の設備の例

| 動力消防ポンプ設備 | 建物の外に設置され，移動することができる可搬ポンプまたは消防ポンプ自動車があり，人が操作して使用します． |

手引き式動力消防ポンプ設備　　　　消防ポンプ自動車
⇒　IHI芝浦製　　　　　　　　　⇒　モリタ製

2 感知器ってなあに

2.1 まずは火災と感知器

(i) 感知器のはじまり

　江戸時代，木造家屋が密集していた江戸町人地では，火災が発生すると有効な消火手段がなかったこともあり，広範囲に燃え広がり，数百，数千の死者が出る大火が頻繁に発生していました．火災をいち早く発見するために，火の見櫓を建て「定火消し」といわれる消防隊が火災を見張っていましたが，「明暦の大火」（明暦3年，1657年）では江戸の町の大半が焼失し，死者は10万人以上に及んだといわれています．

　その後，火除地の整備など火災時に燃え広がらない町づくりや，火消し制度の整備充実など，徐々に火災に対する備えが充実し，大

江戸名所図会より「馬喰町」

図2・1　火の見櫓

2 感知器ってなあに

規模な火災の発生が少なくなっていきます．明治時代になり，建物構造の変化や消防体制の整備などもあり，徐々に火災の態様も変化してきています．

明治から大正時代にかけて，産業革命や社会情勢の変化などにより，大規模な建築物が多数建設され，これらの火災も増えています．当時の主流産業であった製糸工場を火災から守るため，大正15（1926）年，片倉製糸岡谷工場に「自動出火速報機」が最初の感知器として設置されました．その後も官公庁，文化財，商業施設，軍の施設や船舶に設置され始め，国宝建造物の火災を感知した奏功事例もあり，終戦後には火災予防の意識が高まり，普及が進み始めました．

昭和2年には，外国航路船の南陽丸にも設置され，当時の重要な国際流通においても火災安全を担うことになりました．

わが国の最初の高層ビル火災は，昭和7年の白木屋火災といわれています．地上8階建ては，当時としては高層ビルであり，はしご

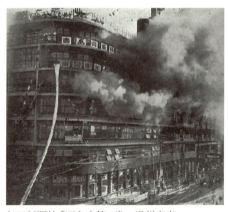

毎日新聞社「昭和史第6巻　満州事変」

図2・2　白木屋大火

2.1 まずは火災と感知器

> **コラム** 自動出火速報機（スミス式）
>
> 英国人 G. L. スミス氏の特許を取得して1925年に製作された，複数の椀型空気室とダイアフラム，接点，リークバルブを備えた検出器と内径3 mmの鉛管から構成される火災警報器です．火災時の熱による管内の空気膨張により接点が閉じて警報を発するもので，今日の空気管式熱感知器の第1号に当たります．1926年に片倉製糸紡績株式会社岡谷工場に国内初設置．（1926年能美商会（現　能美防災株式会社））

車も放水も届かない高さで，14名が死亡しています．

白木屋火災の教訓や，感知器による国宝建造物での奏功事例により，感知器は，官公庁施設，デパートや新聞社などに自主的に設置されていったものの，年間数件程度で普及の進みは遅いものでした．

戦後にGHQ（連合国最高司令官総司令部のことで，太平洋戦争終結に伴うポツダム宣言を執行するために日本で占領政策を実施した連合国軍機関である．「連合国軍」の職員はアメリカ合衆国軍人とアメリカの民間人が多数

2 感知器ってなあに

で，ほかにはイギリス軍人やオーストラリア軍人らで構成されていた.）施設を中心に感知器の設置が行われ，さらにアメリカ式の火災予防への考えが浸透し始め，国内建物への設置も増加しました．

昭和23年の消防法の制定および昭和35年の全国統一的な消防用設備等の設置義務化により，感知器の普及も加速されるようになりました．その後も千日デパート火災（昭和47年），大洋デパート火災（昭和48年）などの建物火災を教訓に，消防用設備等の設置強化が行われています．

昭和43年には，日本最初の超高層ビルである霞が関ビルディングが竣工し，従来の熱感知器より高感度な煙感知器が採用されました．

その後も建物の多様化が進み，超高層ビルや大規模建築物にはR型アナログ式感知器が開発され，高天井，大空間向けには炎感知器が製品化されました．

このように感知器は，時代や技術の変化に合わせて進化しています．

(ii) 感知器はどうやって火災を見つけるの

火災は，燃焼現象であり，炎の発生，温度の上昇，煙の発生，燃焼生成ガスの発生などがあります．感知器は，これらの燃焼現象のうち，急激な温度上昇や煙濃度の増加または炎を自動的に感知するものが主流となっています．感知器は，火災が発生した場合に，火災を感知し，その情報を受信機に伝えることにより，建物内に火災の発生を報知するいわゆる「自動火災報知設備」の一部を構成しています．

火災現象の一般的なシナリオは，次のようにされています．

① 極初期火災…可燃物が何らかの熱源により加熱されることで徐々に温度が上昇し，熱分解（燃焼）が始まり燃焼生成物（煙）を発生し

2.1 まずは火災と感知器

> **コラム** 日本初の超高層ビルに設置された煙感知器

煙感知器は,昭和35年に海外において,燃焼生成ガスを感知する感知器として紹介されました.当時,日本では,ダストシューターに捨てられたたばこの吸い殻による火災が頻発していたため,早期に感知できる感知器として販売され,設置されています.

昭和43年に竣工した日本最初の超高層ビルである霞が関ビルディングには,煙感知器が火災の早期感知に有効であると考えられ設置されています.当時は,煙感知器の標準的な設置基準がなかったことから,フロア形状が似た建物でさまざまな模擬火災実験を行い,150 m^{2}に1台が適当との結論に至りました.一般的な煙感知器の監視面積150 m^{2}は,現在も使用されています.

霞が関ビルディングに設置されたイオン化式スポット型感知器

ます.
② 初期火災…燃焼が継続することで可燃物の温度がさらに上昇し,発火温度を超えると発火が起こります.発火により火災の拡大が早まり,室温が急速に上昇します
③ 盛期火災…さらに火災が拡大し周囲の可燃物にも燃え拡がることで,室温が急速に上昇し,室温全体が部屋中の可燃物の発火温

2 感知器ってなあに

度を超えると爆発的な火災（フラッシュオーバー）となり，延焼の速度が急速に増します．

感知器は，火災シナリオの極初期火災における煙の発生，急激な温度上昇，炎の出現を感知することができます．

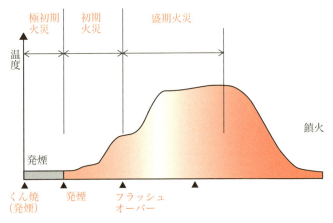

図2・3　火災シナリオ

自動火災報知設備の「感知器」は，法令により技術上の規格[iv]が定められており，当該規格に従って，日本消防検定協会により構造・性能等が試験され，規格に適合しているものが総務大臣により承認されます．承認された感知器は，製造され出荷前にすべて日本消防検定協会により検査され，検定合格の証票が貼付・表示されます．

技術上の規格に定められている感知器の種類は，「煙感知器」・「熱感知器」・「炎感知器」・「複合式感知器」に大別され，図2・4のように種別として分類されています．

2.1 まずは火災と感知器

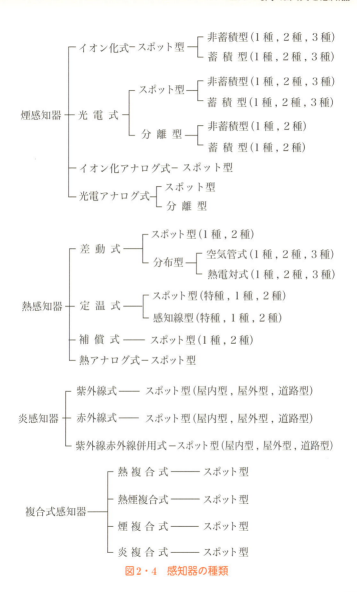

図2・4 感知器の種類

2.2 煙感知器

(i) 火災の煙を見つける

煙は,たばこの火の不始末や電気器具の異常過熱,天ぷら鍋火災等の火災の極初期段階から発生します.

発生した煙は,燃焼熱による上昇気流とともに上昇し,天井にぶつかり,天井面に沿って水平に流れます.感知器を天井面に設置することで,これらの煙を感知します.

図2・5　くん焼火災模式図(極初期火災)

いったん炎が上がると,火災の拡大は急速に速まることから,煙を早期に感知することは,非常に有効です.高層ビル,地下街,百貨店,ホテル,病院等,多数の人が利用し,火災の拡大が速い建物や避難に時間を要する建物(特定防火対象物)では,煙感知器の設置が義務付けられています.

(ii) 煙感知器はどうやって煙を見つけるの

煙には,水蒸気や燃焼生成物や燃焼できなかった炭化物などが含まれており,だんだん濃くなると視界が遮られたり,呼吸ができな

2.2 煙感知器

くなったりします．

　煙が光を遮ったり，散乱させることを光学的に捉えたり，煙が微粒子であることを利用し，煙を感知します．

　このような煙感知器には，その感知する方法などにより，光電式スポット型，光電式分離型およびイオン化式スポット型の3種類があり，設置場所の用途，環境等に応じた設置基準[v]に従って設置します．

(1) 光電式スポット型感知器

　光電式スポット型感知器は，光を使って感知器に到達した煙を感知し，一定の煙濃度以上になると作動し，受信機に信号を発信するものです．

　光電式スポット型感知器の検煙部は，発光素子，受光素子，遮光壁，防虫網で構成されています．

① 発光素子には，発光ダイオード（LED）が使用され，感知器の消費電力の低減やLEDの長寿命化のために数秒ごとに間欠的に発光しています．

② LEDの光を受光する受光素子には，フォトダイオードが使用されます．

図2・6　光電式スポット型感知器

2 感知器ってなあに

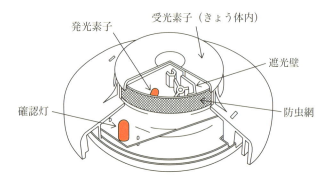

図2・7　光電式スポット型感知器の内部図

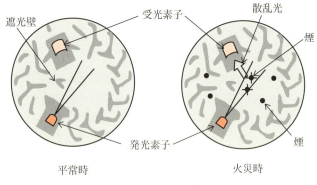

図2・8　検煙部と煙感知原理

③ 遮光壁は，照明等の光が検煙部に入らないように遮り，かつ感知器に届いた煙を検煙部内部に導入するために複雑な形状をしています．

④ 防虫網は，虫やほこりが検煙部に入り込むことを防いでいます．

(a) 煙を感知するしくみ

検煙部内は，外の光が入らない暗箱状態であり，発光素子と受光

素子は対向しないように配置され，平常時は，発光素子の光は受光素子には直接入らず，受光素子には発光素子に照らされた遮光壁の微弱な光だけが届きます．

　火災時は，検煙部内に入った煙により発光素子の光が散乱し，その散乱光が受光素子に届き，光量が上昇することで煙を感知します．

(b)　回路の構成と役割

　光電式スポット型感知器の回路は，次のブロックで構成されます．

　発振回路　　　　：発光素子を定期的に発光させる回路
　増幅回路　　　　：受光素子の微弱な電気信号を増幅させる回路
　火災判断回路　　：信号の大きさや信号が来た回数等から火災か否かを判断する回路
　スイッチング回路：火災時にONとなり受信機に信号を送る回路
　確認灯　　　　　：スイッチング回路のONに伴い点灯し，感知器の動作を表示する回路

発光素子は，発振回路により数秒ごとに発光しています．

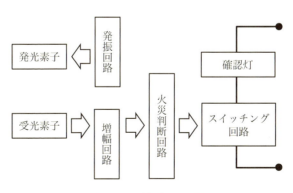

図2・9　回路ブロック図

2 感知器ってなあに

① 平常時の状態

受光素子に届く光は微弱なため,増幅回路は火災判断回路に信号を送りません.火災判断回路もスイッチング回路は,OFFされており,確認灯は点灯しません.

② 火災時の状態

煙による散乱光が受光素子に達します.煙が濃くなると光量が増し,増幅回路は火災判断回路に信号を送ります.火災判断回路は,増幅回路からの信号の大きさで煙濃度を測定し,さらに発光素子の発光回数に伴う判定回数から煙の継続時間を測定,煙濃度と継続時間から火災か否かを判定し,火災と判断した場合は火災信号をスイッチング回路に送信します.

火災によりスイッチング回路がONとなり,感知器内の電流が増加し,確認灯が点灯し,受信機に火災信号を発信します.

(c) 感知器の特徴

光電式スポット型感知器は,煙による光の散乱を利用することから,白い煙が光をよく散乱するため,白や灰色の煙が発生する,「くん焼火災」の検出を得意としています.

図2・10 寝たばこによるくん焼火災

2.2 煙感知器

　光の散乱は，検煙部に侵入した微粒子により発生します．この微粒子には，煙以外に湯気やほこり等も含まれ，これらが検煙部内を漂うことにより火災の発生と判断し，いわゆる「非火災報」を出力することがあります．

　湯気やほこりによる出力上昇は，一般的に一過性であることが多いことから，間欠的に発光する発光素子に対し，複数回の出力上昇があった場合など継続している場合に，火災と判断するなどの冗長性をもたせることで，火災と区別しています．

(d) 設置場所

　煙感知器を設置する場合には，感知器や煙の特性，さらには法令で規定されている設置基準[v]などを理解して設置することが必要です．光電式スポット型感知器は，規格省令[iv]により，動作する煙濃度に応じ3種類に分けられています．おおよその作動濃度は，1種：減光率5 %/m，2種：減光率10 %/m，3種：減光率15 %/mに設定されています．

　火災の極初期段階で発生する煙は，熱気流が非常に弱いことが特徴です．

・天井が高い場所での熱気流（プルーム）は，火災の初期において上昇中に周囲温度と同じ温度になってしまい，煙は拡散し，感知器

> **コラム**　減光率
>
> 　減光率とは，煙の濃度を数値化したものであり，その煙により単位距離当たりの光が減る割合を表します．
> 　たとえば，1 m当たりの減光率が10 %の場合，1 m離れた場所に届く光がその煙により10 %減光する煙の濃度を表します．

2 感知器ってなあに

図2・11　高天井では煙が拡散する

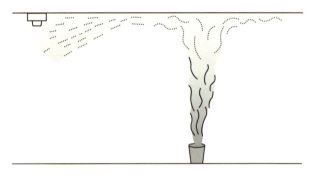

図2・12　火源から遠くでは煙が広がり感知器に届かない

に十分な煙が届きません．そのため，設置基準[v]では2種の感度の感知器は，天井高15 m以上の場所には設置できません．

- 火源の直上では熱気流温度と室内温度の差が大きく，高温の煙を含んだ熱気流は垂直に上昇し，天井面に当たると天井に貼り付くように広がります．しかし，火源から離れるに従い熱気流温度が下がり，天井から剥がれるように拡散し，煙濃度は薄くなります．そのため，設置基準[v]では，1台の感知器が監視できる床面積が規

定されています．

　天井高 4 m 以下の一般的な居室では，2 種の煙感知器は床面積 150 m² 以内に 1 台以上設置することと決められています．
・くん焼火災時の弱い熱気流は，壁面と天井がつながる角部では滞留する空気に押し下げられ，感知器に煙が届きません．設置基準[v]では，煙感知器は壁面から 0.6 m 離すこととされています．

コラム　煙の濃度とは

　煙は，一般的に可燃物が燃えるときに発生し，可燃物や燃え方によって，色や形が異なりそれらは時々刻々と変化します．

　「煙濃度」は，煙の量を表しますが，「温度」や「電圧」のように一意のものではなく，測定方法がいくつかあり，用途によって使い分けられています．

　煙感知器の評価に使用する煙量の単位と測定方法は，次のとおりです．

① 減光式濃度計

　光電式分離型感知器と同様に送光部と受光部をもち，送光部と受光部の間を 1 m とし，その空間に煙が入ることで，受光部に届く光が何パーセント減衰したかを測定します．煙量を %/m という単位で表します．

　光源には白熱電球を使い，受光部には目の感度に近い受光素子を用いているので，人が見た印象に近い煙量を示します．

② 平行板濃度計

　イオン化式スポット型感知器と同様の電離を利用する原理ですが，感知器より線源の量が多く，電極も大きいため感知器より高感度で高精度な測定ができます．煙がないときの電極間電流と煙が入り減少した電流の比を，「電離電流変化率」として表しています．

2 感知器ってなあに

図 2・13 壁面近くでは感知器に煙が届かない

(2) イオン化式スポット型感知器

イオン化式スポット型感知器は,感知器内の煙粒子を荷電(イオン化)することにより検知し,一定の煙濃度以上になると作動し受信機に火災信号を発信する感知器です.

イオン化式スポット型感知器は,検煙部,増幅回路,スイッチング回路,確認灯で構成されます.検煙部は,放射線源と電極をもち,放射線源にはアメリシウム (Am241) が使用されます.Am241 は α 線を放射していますが,α 線は透過作用が低く紙 1 枚で遮へいすることができるため,金属で覆われた検煙部や樹脂製のきょう体をもつ感知器の外部には放射されません.

(a) 煙を検知する仕組み

検煙部内の大気分子は,放射線源が発する α 線により荷電(イオン化)され,電極間の電位差により荷電粒子は電極に引き寄せられ,電流が流れています.

煙粒子が検煙部に入ると,煙粒子は大気分子と比較して大きいため,イオン化した気体の移動は妨げられ,電極間の電流は減少しま

2.2 煙感知器

図2・14　イオン化式スポット型感知器

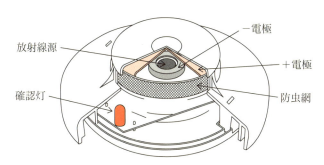

図2・15　イオン化式感知器の内部図

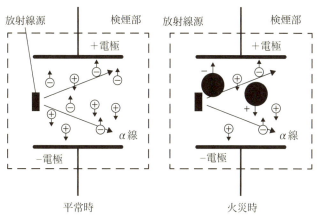

図2・16　平常時と火災時の検煙部

2 感知器ってなあに

す．この電流の減少を検出し，煙の濃度を検知しています．

(b) 回路の構成と役割

イオン化式スポット型感知器の回路は，次のブロックで構成されます．

検煙部	：煙を導入する開口部と電極と放射線源で構成される煙を検知する部分
電極（＋，−）	：検煙部内に電位差をつくる
放射線源	：大気や煙を荷電させるためにα線を放射する
増幅回路	：荷電粒子による微弱な電流を増幅させる回路
スイッチング回路	：ONした際に受信機に信号を送る回路
確認灯	：スイッチング回路のONに伴い点灯し，感知器の動作を表示する回路

① 平常時の状態

放射線源は，感知器の電源とは関係なくα線を放射し，検煙部

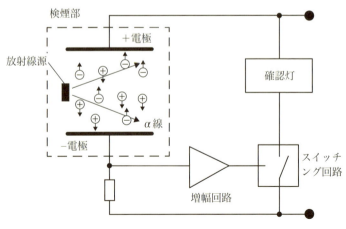

図2・17　回路ブロック図

内をイオン化しています．感知器を通電すると電極間に電位差が発生し，イオン化された大気は電極に引き寄せられ電流が流れます．増幅回路は，電極に流れる電流を反転増幅し，電圧として出力します．平常時は，電流が流れているため電圧は低い状態です．

② 火災時の状態

煙粒子により電極に流れる電流は，減少します．増幅回路は，電流の減少を反転増幅し，電圧の上昇として出力し，スイッチング回路に送ります．

スイッチング回路は，一定の入力電圧でONとなるため，増幅回路からの電圧が決められたしきい値を超えるとONとなり，受信機に火災信号を送るとともに，確認灯を点灯させます．

(c) 感知器の特徴

荷電された大気イオンが電極に到達し電流が流れる原理から，イオン化式の感知器は煙粒子の数を測定していることになります．木材や紙が発炎している際には，見た目には煙は少ないのですが，目に見えない小さい粒径の煙粒子が大量に発生しています．この特徴からイオン化式の感知器は，炎を伴った発炎燃焼の検出に適しています．一方，光電式スポット型感知器が得意とする白い大きい粒径の煙の検知は，やや応答性が劣ることから，光電式とイオン化式を併用することがさまざまな種類の火災を検知するには有効です．

(d) 設置場所

設置基準[v]では，イオン化式スポット型感知器と光電式スポット型は同じ扱いです．発炎燃焼の検出に適している特徴から，可燃物が多い場所に設置することが望ましいのですが，廃棄時の取扱いの煩雑さなどもあり，ほとんどの環境において光電式が設置されています．

2 感知器ってなあに

> **コラム** イオン化式感知器を廃棄する際には
>
> 平成17年に「放射性同位元素等による放射線障害の防止に関する法律」が改正されたため，不要になったイオン化式スポット型感知器はメーカに返却しなければならなくなりました．処分にコストや手間がかかるなどの理由で，現在はごく一部でしか使われていない感知器です．
>
>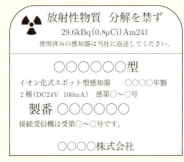
>
> イオン化式感知器の銘板例（返却することが記載されている）

(3) 光電式分離型感知器

光電式分離型感知器は，送光部と受光部を空間内の両端に設置し，空間に広がる煙を光を使って検知し，一定の煙濃度以上になると作動し受信機に火災信号を発信する感知器です．

光電式分離型感知器は，送光部と受光部の2つの機器で構成されます．送光部は発光素子であるLED，光をビーム状にするためのレンズをもち，受光部は赤外線を透過し可視光をカットするフィルタ，送光部からの光を集光するレンズ，受光素子からなります．

発光素子には，100 m離れた場所でも十分な光が届く強力な赤外線を発光するLEDを使用しています．赤外線を使用することで，照

2.2 煙感知器

図2・18 光電式分離型感知器

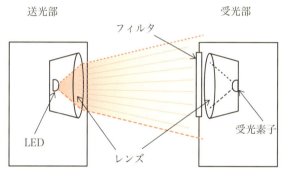

図2・19 感知器の使用例

明などの影響を避けることができます．受光部の可視光カットフィルタも照明などの光が受光素子に入射するのを防ぎます．

(a) 煙を検知するしくみ

感知器は，送・受光部が正対するように設置され，送光部から発せられたビーム状の赤外線は空間を進み受光部に届きます．設置時に，無煙時の受光部の受光量を初期値として記憶させます．

煙がないときの受光量は，平常時と同じ値を示します．火災により煙が空間に漂うとビーム光は，煙の粒子に散乱・吸収され，受光部に届く光は減衰します．感知器は，無煙時の受光量と煙により減

2 感知器ってなあに

少した現在の受光量の比により煙濃度を測定し，ある一定の煙濃度になると作動します．

(b) 回路の構成と役割

光電式分離型感知器の回路は，次のブロックで構成されます．

発振回路　　　：発光素子を定期的に発光させる回路
増幅回路　　　：受光素子の微弱な電気信号を増幅させる回路
火災判断回路　：送光部に同期信号を送り，発光と受光のタイミングを合わせ，受光量の大きさや信号が来た回数等から火災か否かを判断する回路
スイッチング回路：火災時にONとなり受信機に信号を送る回路
確認灯　　　　：スイッチング回路のONに伴い点灯し，感知器の動作を表示する回路

送光部の発振回路は，受光部の火災判断回路からの同期信号にタイミングを合わせ，発光素子を数秒ごとに発光させています．火災

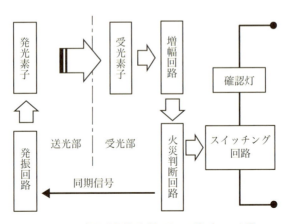

図2・20　光電式分離型感知器の回路ブロック図

2.2 煙感知器

判断と発光を同期させることにより，発光時以外に太陽光などのノイズ光が受光部に入射した場合の影響を除去しています．

(c) 感知器の特徴

光電式分離型感知器は，スポット型感知器がまだ作動しないような局所的には薄い煙でも，送・受光部間に広がった煙の全体による減衰を累積しているため，検知することが可能です．

送光部からのビーム光はやや広がった形状となっており，建物が振動や温度変化によりひずむことで光軸にズレが生じても，光量が減少しにくいものになっています．

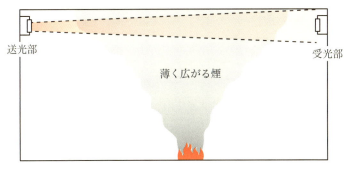

図2・21　光電式分離型感知器の設置例

> **コラム　減光と散乱光**
>
> 光電式分離型感知器は，煙粒子による光の減衰を利用しており，光電式スポット型感知器は煙粒子による光の散乱を利用しています．
>
> 受光部に常に光が到達しているか，していないかにより，作動原理が異なっています．

2 感知器ってなあに

(d) 設置場所

　光電式分離型感知器は，送・受光部間の光軸上にある煙を監視しています．火災時の煙は，火源から上昇するに従って広がり，天井に溜まり煙層を形成します．感知器を低い位置に設置すると煙層が厚くならないと作動しないので，設置基準[v]では天井高の80％以上の高さに設置することとされています．

　幅の広い空間において光電式分離型感知器を複数台並べる場合，感知器の間隔が離れすぎていると光軸上に煙が到達するのが遅れるため，各部分から1つの光軸までの水平距離が7 m以下とされています．感知器の間隔が狭すぎると隣接する送光部の光が入ってしまう場合があります．発光周期を変える機能がない感知器では，送光部と受光部を交互に設置する必要があります．

　赤外線によるビーム光と可視光カットフィルタにより照明光などによる影響は除かれていますが，太陽光などに含まれる強力な赤外線により，正確な煙濃度測定ができなくなるため，太陽光が受光部に入射しないように設置する必要があります．

(4) 光電アナログ式スポット型感知器

　光電式スポット型感知器は一定の煙濃度以上で「火災信号」を受信機に発信するON/OFF信号となっています．一方，光電アナログ式スポット型感知器は，検知した低濃度から高濃度までの連続な煙濃度値（アナログ量）を受信機に「火災情報信号」として送信し，受信機において火災か否かを判断するアナログ式システムに接続される感知器です．

　アナログ式システムの詳細は，3.2.(4)アナログ式受信機に示します．

　アナログ式感知器は，個々に火災情報信号を送信できることから，個別番号（アドレス）をもつR型感知器としても使用されます．R型

システムの詳細は，3.2.(2) R型受信機に示します．

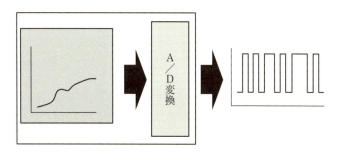

図2・22 煙濃度値（アナログ量）を受信機に送信

(5) 光電アナログ式分離型感知器

　光電アナログ式スポット型感知器と同様に，測定した煙濃度を受信機に「火災情報信号」として送信し，受信機に火災か否かを判断させるアナログシステムに接続される感知器です．光電式分離型感知器の原理で煙濃度を測定します．

(6) イオン化アナログ式スポット型感知器

　光電アナログ式スポット型感知器と同様に，測定した煙濃度を受信機に「火災情報信号」として送信し，受信機に火災か否かを判断させるアナログ式システムに接続される感知器です．

　イオン化式スポット型感知器の原理で煙濃度を測定する感知器ですが，現在，製品化されたものはありません．

2 感知器ってなあに

コラム　アナログとデジタル

アナログは，一般に連続量とされ針のある「時計」が代表例です．また，デジタルは数値で表すことのできる離散量とされ数値で時間を示す「デジタル時計」が代表的な例です．

自動火災報知設備における「アナログ式」とは，ON/OFF信号のみでなく複数の信号を発信することができるものとされています．時計の世界以外において物理量を表す方法として「アナログ」と「デジタル」を使い分ける際には，「デジタル」は0か1（ONかOFF）しかない世界で，「アナログ」は0と1の間を連続的に扱う表現方法として使われています．

アナログ式感知器は，煙のない0％/mから20％/m以上の濃い煙濃度までを連続的に表現できることから，「アナログ式」の名称が付けられています．

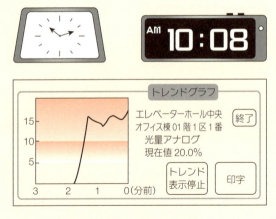

アナログ式受信機の表示画面

2.3 熱感知器

(i) 火災の熱を感じる

ほとんどの火災では，初期段階に煙が発生することから，煙感知器を設置することが望まれます．しかし，浴室付近や厨房などの湯気や結露が避けられない場所や，工場などの粉じんが多量に発生する場所では，煙感知器が非火災報を発生する可能性があるため，熱感知器を使用します．

火災の初期では，煙が多く発生しますが，発熱は少なく熱感知器が作動するには至りません．燻った状態から炎が発生して，炎の熱が上昇気流となって天井にぶつかり，天井に沿って水平気流となって広がり，高温の空気層を形成していきます．火災の拡大に伴い高

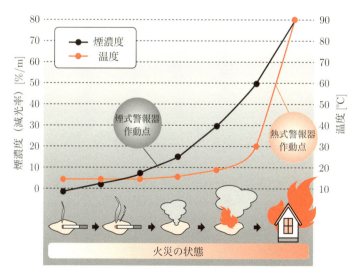

図2・23　煙感知器と熱感知器の作動点の違い

2 感知器ってなあに

温の空気層は厚みを増し，天井温度が上昇し熱感知器が作動します．

　天井面に広がる熱気流をいち早く捉えるために，感知器は壁面ではなく天井に設置されます．

(ii) 熱感知器はどうやって火災の熱を感じるの？

　熱は，温度を上昇させ，空気を膨張させ，物質を変形させたりします．これらを利用して，火災による温度上昇を検出します．

　この熱により火災を検知する方法には，差動式と定温式の2種類があります．

① 差動式の感知器は，通常あり得ない急激な温度上昇を感知し火災と判断します．平常時に室内で温度が上昇する要因には，季節・天候によるものや，調理・暖房などの熱源によるものがあります．これらの温度上昇よりも強い熱源となる火災が発生した際には，通常ではあり得ない急激な温度上昇が発生します．この急激な温度上昇（4.5分以内に20℃程度）を感知することで，日常時における室温の変化に影響されることはありません．

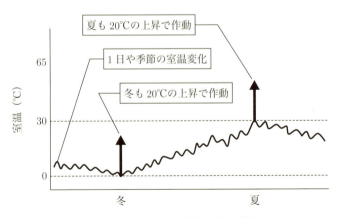

図2・24　差動式の感知器の感度は室温に依存しない

② 定温式の感知器は，一定の温度になったときに作動するもので，主に給湯室やサウナなど，日常的に高温となる場所や温度が変化する可能性がある場所に設置されます．

一般的に，作動温度は，60℃以上に設定されており，日常的な使用環境では，想定しにくい温度となっています．

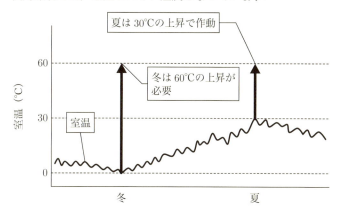

図2・25　定温式の感知器の感度は室温に依存する

iii 差動式の感知器

(1) 差動式スポット型感知器（空気の膨張を利用するもの）

差動式スポット型感知器には，空気の膨張を利用するものと，半導体を利用するものがあります．

(a) 感知器の構成と役割

空気の膨張を利用するものは，空気を溜めるエアチャンバーと微細な穴が開いたリーク孔，ダイヤフラム，接点などから構成されます．エアチャンバーには，ダイヤフラムと呼ばれる空気の膨張収縮により伸縮する膜が張られています．

平常時の昼夜の温度変化や暖房器具による温度上昇では，エア

2 感知器ってなあに

図 2・26 差動式スポット型感知器（空気の膨張を利用したもの）

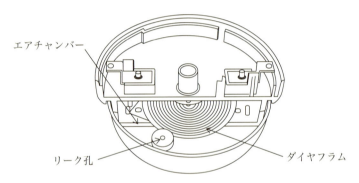

図 2・27 差動式スポット型感知器の構成

チャンバー内の空気が膨張しダイヤフラムを膨らまそうとしますが，リーク孔を通り空気が逃げるため，接点が閉じるほどにはダイヤフラムは膨らみません．

　火災時は，急激に温度が上昇するため，リーク孔から抜ける以上にエアチャンバー内の空気が膨張して，ダイヤフラムを押し上げ，接点を閉じ火災信号を発信します．

(b) 感知器の特徴

　電気回路をもたず低コストで製造できることから，比較的小規模な建物において多く使われています．

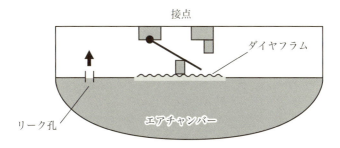

平常時の空気の膨張はリーク孔から抜ける

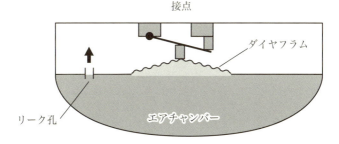

火災時の空気の膨張はリーク孔から抜けきらずダイヤフラムが膨らみ，接点を押し上げる

図2・28　差動式スポット型感知器の原理

　微細なリーク孔をもつことから，粉じんの多い場所や湯気・結露が多く発生する場所への設置は適していません．

(2) 差動式スポット型感知器（半導体を利用するもの）

　半導体を利用するものは，半導体の感熱素子（サーミスタ）により温度を電気信号に変換し，火災判断回路が温度上昇率を測定し，一定の温度上昇率以上になると受信機に信号を発信する感知器です．

2 感知器ってなあに

図2・29 差動式スポット型感知器（自動試験機能付）（半導体を利用したもの）

(a) 回路の構成と役割

差動式スポット型感知器の回路は，次のブロックで構成されます．

サーミスタ　　　：温度により抵抗値が変化する素子
火災判断回路　　：サーミスタの抵抗値から温度を読み取り，温度上昇率を計算し，火災か否かを判断する回路
スイッチング回路：火災時にONとなり受信機に信号を送る回路
確認灯　　　　　：スイッチング回路のONに伴い点灯し，感知器の動作を表示する回路

図2・30 回路ブロック図

2.3 熱感知器

感熱素子（サーミスタ）により温度は抵抗値として示されます．火災判断回路はサーミスタの抵抗値を読み取り，数分間の温度を記憶し，現在の温度と数分前の温度を比較することで温度上昇率を計算し，一定の温度上昇率以上となった場合，スイッチング回路をONにし受信機に信号を発信します．

(b) 感知器の特徴

リーク孔をもたないため，防水構造にすることができ，粉塵の多い場所や湯気・結露が多く発生する場所に設置にすることができます．また，電気的にサーミスタや電子回路の異常を監視することができるため，「自動試験機能」を付加することで，システムの信頼性が向上します．

(3) 差動式分布型感知器（空気管式）

差動式分布型感知器は，天井面の広範囲の温度変化を検知し，その累積により火災を判断することから，工場や体育館など高天井，大空間などにおける火災感知に適しています．

図2・31　差動式分布型感知器（空気管式）

2 感知器ってなあに

(a) 感知器の構成と役割

差動式分布型感知器（空気管式）は，差動式スポット型感知器のエアチャンバーの代わりに空気管と呼ばれる銅パイプを接続し，空気管内の空気が温度の上昇に伴い膨張する原理を応用したものです．

空気管を天井に張り巡らせることで，天井面の広範囲の温度上昇により空気管が温められ，空気が膨張することでダイヤフラムを膨らませ，接点を閉じます．

空気管は，ストローのように中が空洞になっており，熱伝導率の高い銅製で内径が1.4 mmのパイプを用います．空気管内の空気の膨張より火災を感知するため，短すぎると膨張が不足することから20 m以上の長さを接続するように決められています．逆に長すぎる場合は，少しの室温変化や気圧変化で作動してしまうことから100 m以下と規定されています．

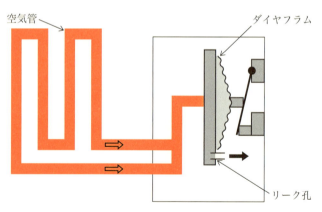

図2・32　差動分布型感知器空気管式の内部構成

(b) 設置場所

設置する際には,できるだけ長い距離が火災の熱を受けるように空気管を設置します.隣接する空気管との相互間隔を狭く密にすれば,火災により加熱される部分の長さが増え,早く感知できます.逆に相互間隔を広く疎にすれば,加熱される部分が短くなり,感度は低下します.設置基準では,耐火構造の建築物では相互間隔は9m以下,その他の構造では6m以下と規定されています.

設置方法においては,メッセンジャーワイヤを用いて空気管を空中に浮かせることで,熱気流を有効に感知できます.文化財施設など美観に影響を与えたくない場合は,壁面や天井面と同色に被覆された空気管を直接固定する場合もあります.施工の際には,空気管をつぶさないよう注意し,固定することが重要となります.

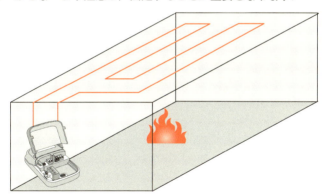

図2・33 空気管の設置概要図

(4) 差動式分布型感知器(熱電対式)/(熱半導体式)

熱電対式および熱半導体式は,感熱部を空間内に複数配置し,複数の感熱部が検知した温度の累積によって火災を判断するものです.

2 感知器ってなあに

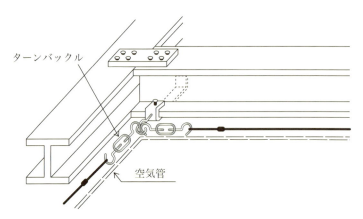

図2・34　メッセンジャーワイヤを用いた空気管の設置

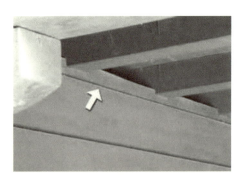

図2・35　文化財建築物への空気管の設置

　熱電対式は，鉄とコンスタンタンとの金属の接点に温度差を与えると起電力を生じるというゼーベック効果を利用し火災を感知するものです．

　熱半導体式は，サーミスタなどの熱検知素子を感熱部として利用し，火災を検知するものです．

2.3 熱感知器

図2・36 差動式分布型感知器（熱電対式）[v]

(iv) 定温式の感知器

定温式スポット型感知器は，金属の膨張を利用するものと，半導体を利用するものがあります．

(1) 定温式スポット型感知器（金属の膨張を利用するもの）

図2・37 定温式スポット型感知器（金属の膨張を利用するもの）

(a) 感知器の特徴

金属の膨張を利用した感熱素子の代表的なものとして，バイメタルがあります．バイメタルは，膨張率の異なる金属を貼り合わせ平板状にした受熱板で，温度がある温度に達すると受熱板が反りかえって接点を押し上げます．

2 感知器ってなあに

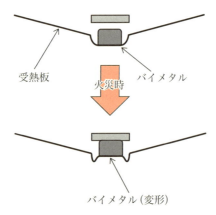

図2・38 定温式スポット型感知器の動作

> **コラム** **バイメタルとは**
>
> 熱膨張率が異なる2枚の金属板を貼り合わせたものです．温度によって曲がり方が変化する性質を利用して，温度計や温度調節装置などに利用されています．
>
>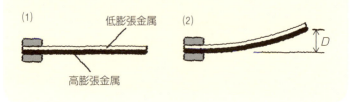

(2) 定温式スポット型感知器（半導体を利用するもの）

半導体を利用したものは，温度の変化により抵抗値が変化するサーミスタ，電子回路で構成され，温度を電気信号に換え，電気的に温度を測定し，受信機に信号を発信する感知器です．

回路の構成は，差動式スポット型感知器のサーミスタを使用した

2.3 熱感知器

図2・39 定温式スポット型感知器（半導体を利用するもの）

ものと同じです．2つの違いは，火災判断を一定温度で行うか，温度上昇率で行うかという点です．

(a) 感知器の特徴

金属の膨張など，機械的に温度を監視する感知器は，電気的に感熱部分を監視する手段をもつことはできませんが，サーミスタなどを用いたものは感熱部や電子回路の異常を監視することができるため，試験機能を付加することができます．

(3) 定温式感知線型感知器

洞道（とうどう）などの細長い空間や，ケーブルラックでのケーブルの異常加熱などの監視に適しています．

一定以上の温度で溶ける絶縁物で被覆した電線を2本より合わせた構造です．周囲温度が一定以上になると，被覆が溶け，2本の導線が接触することにより，火災信号を発するものです．

(4) 補償式スポット型感知器

差動式の感知器は，日常時の周囲温度の影響を受けずに一定の感度を維持できますが，火災の拡大が非常に緩慢な火災では異常な高温になっても作動しません．

補償式は，差動式と定温式の両方の特性をもつものです．火災の

2 感知器ってなあに

拡大が早い火災に対しては差動式として作動し，非常に緩慢な火災に対しては定温式として動作し，異常な高温時に作動させることができます．

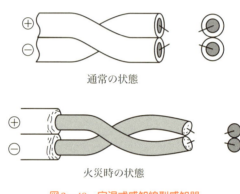

図2・40　定温式感知線型感知器

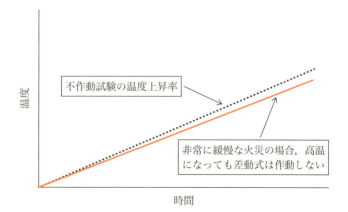

図2・41　不作動試験と非常に緩慢な火災

2.3 熱感知器

(5) 熱アナログ式スポット型感知器

　熱アナログ式スポット型感知器は，測定した室温から火災による高温までの連続的（アナログ的）な温度の変化を受信機に「火災情報信号」として送信し，受信機に火災か否かを判断させるアナログ式システムに接続される感知器です．詳細は3.2.(4) アナログ式受信機に示します．

図2・42　熱アナログ式スポット型感知器

　アナログ式感知器は，個々に火災情報信号を送信するために，個別番号（アドレス）をもつR型システムでもあります．詳細は3.2.(2) R型受信機に示します．

　熱アナログ式感知器では，室温から高温までの温度を測定する必要があります．そのためにバイメタルなどの機械的な感熱素子ではなく，サーミスタなどのアナログ的に温度が測定できる感熱素子を使用します．

　回路の構成は，差動式スポット型や定温式スポット型感知器のサーミスタを使用したものと同じです．違いは火災判断を一定温度で行うか，温度上昇率で行うか，温度情報を受信機に送信するか，という点です．

2 感知器ってなあに

2.4 炎感知器

(i) 火災の炎を見つける

大規模スタジアムや巨大ショッピングモールなど，高天井や収容人数が多い建物では，煙や熱が天井に到達し感知器が作動するまでに火災規模はすでに大きくなっており，避難や消火活動が難しくなります．

このような場所では，火災による炎を直接見つけることが，効果的と考えられます．

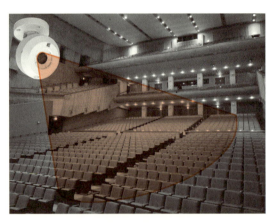

図2・43　炎感知器の監視範囲のイメージ

(ii) 炎感知器はどうやって炎を見つけるの

炎からは，紫外線，可視光線，赤外線などが放出されます．また，炎自体は可燃物，空気または熱エネルギーの供給の過不足により，その形態が大きく作用されるとともに，炎自体が揺らいで（呼吸しているともいわれる）います．

2.4 炎感知器

炎感知器は，このような炎の物理的，化学的現象を利用して感知します．

炎感知器は，炎から発せられる紫外線や赤外線の光を直接感知することができます．

光を感知する特徴から，設置の際には炎が感知器の受光素子に入るよう，感知器の視野角に気を付ける必要があります．炎感知器は，その視野角の角度ごとに感知可能な距離が異なるため，監視エリアのすべてが感知器の監視可能なエリアに入るよう設置する必要があります．また，構造物，設備などの物陰ができる場合には，反対側などに感知器を設置し監視する必要があります．

設置基準[v]では，床面から1.2 mの高さを監視の基準としています．

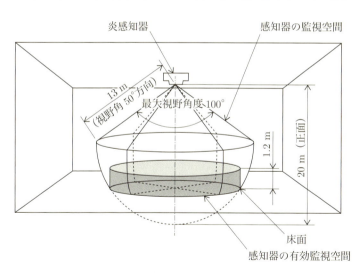

図2・44　炎感知器の立体監視範囲

2 感知器ってなあに

(1) 赤外線式スポット型感知器

赤外線式スポット型感知器は,炎特有の「CO_2共鳴放射」と呼ばれる光を検知することで非火災報を低減し,紫外線を検知する感知器と比較し広く普及しています.

図2・45 赤外線式スポット型感知器

(a) 炎を検知するしくみ

赤外線式スポット型感知器は,炎が放射する赤外線を感知し火災信号を発信します.赤外線受光素子には,焦電素子やサーモパイルが使用されています.赤外線は炎だけではなく,太陽光や照明,高温の物体,人体など,温度をもつものすべてから放射されています.炎が放射する赤外線には温度によるものと同等かそれ以上の強度で発光する,燃焼反応により現れる「CO_2共鳴放射」と呼ばれる特有の発光があります.

CO_2共鳴放射は,波長が4.3 μmの赤外線を放射することから,光学フィルタを用いて4.3 μmの光だけが受光素子に入るようにしています.それでもほかの高温物体が近くにある場合や太陽のように非常に強い放射が受光素子に届いた場合には,高温物体なのかCO_2共鳴放射なのか,見分けがつかないので,さらなる対策が必要になり

2.4 炎感知器

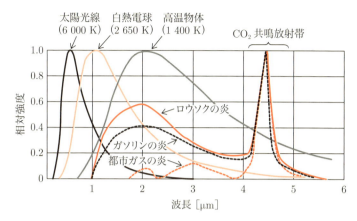

図2・46 炎や高温物体の波長分布

ます．

炎とほかの高温物体との相違点には，炎の「ゆらぎ」があります．小さい炎は早くゆらぎ，大きい炎はゆっくりとゆらぎますが，その周波数は概ね数Hzから十数Hzの間でちらつきます．太陽光にはゆらぎはほとんどなく，白熱電球などの電灯は100 Hzまたは120 Hzでゆらぐことから，ゆらぎの周波数で炎とほかの高温物体との判別が可能となります．

図2・47 炎と高温物体のゆらぎの周波数の違い

2 感知器ってなあに

炎感知器は，炎がもつ「CO_2共鳴放射」と「ゆらぎ」を抽出し感知しています．

(b) 回路の構成と役割

赤外線式スポット型感知器は，次のブロックで構成されます．

赤外線透過ガラス　：感知器内部を保護するガラス
光学フィルタ　　　：CO_2共鳴放射光のみを透過する光学フィルタ
周波数フィルタ回路：炎のゆらぎの周波数のみを透過する電気的フィルタ
火災判断回路　　　：出力変化や継続時間から火災を判断する回路
スイッチング回路　：火災時にONとなり受信機に信号を送る回路
確認灯　　　　　　：スイッチング回路のONにより点灯し感知器の動作を表示する回路

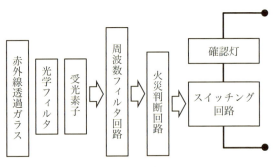

図2・48　回路ブロック図

(c) 感知器の特徴

①高感度化と高信頼性の向上

炎感知器を設置する場合に，太陽光を避けることができない場合や高温物体が存在する環境または，長距離を監視するために感度を上げたい場合には，4.3 μmだけではなく，ほかの波長の赤外線を測

2 感知器ってなあに

(3) 紫外線赤外線併用式スポット型感知器

赤外線受光素子と紫外線受光素子をもち，赤外線式スポット型感知器の火災判断と紫外線式スポット型感知器の火災判断の両方を満足したときに火災信号を発信するものです．

赤外線式スポット型感知器の非火災報源である太陽光や高温物体に対しては，紫外線検知素子が影響しないことを利用し，非火災報を提言する感知器です．

2.5　いろいろな機能をもつ感知器

建物は，時代の変化とともにその形態が進化・多様化しており，火災発生の環境が大きく変わってきています．これに伴い，感知器も建物の形態の変化，エレクトロニクス技術の進化とともに機能を充実させています．

とくに，近年，超超高層ビルや大規模ビル群などの出現により，高性能，高信頼性，高機能な感知器が求められています．

ほかにも美観維持，施工・点検の省力化，信頼性向上の観点からも機能などが進化しています．

(i) 複合式感知器

「併用式」が複数の機能の両方が火災と判断した場合に，火災信号を発信するのに対し，「複合式」感知器は，いずれか一方の感知器としての機能が火災と判断した場合に火災信号を発信するものです．

早い方の火災判断で発信するため，火災の早期感知に有効です．

(1) 熱複合式スポット型感知器

差動式スポット型感知器と定温式スポット型感知器の機能を併せ持つ感知器としては，補償式スポット型感知器がありますが，補償式スポット型感知器は出力できる火災信号が1つです．しかし，熱

2.4 炎感知器

用しないので,火災判断が早く,放火のおそれがあるところに適しています.

ただし,炎から放射される紫外線は弱いため,感知器は高感度に設定されています.溶接の火花や一部の放電ランプなどは,炎より強い紫外線を放射するため,設置環境には注意が必要です.

(a) 炎を検知するしくみ

紫外線検知素子は,紫外線を透過するガラスの中にアノード,カソードの電極を設け,特殊なガスとともに密封したものです.

アノード,カソード間に数百Vの高電圧を印加した状態で,ガラスを通って炎の紫外線がカソードに当たると,カソードの表面から光電子が放出されて管内のガス分子と衝突し,衝突が連鎖した状態になり電流が流れます.

この原理を利用して紫外線を検出し,火災を判断しています.

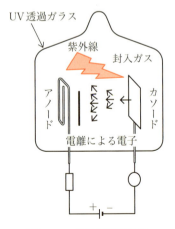

図2・53 紫外線検知素子

2 感知器ってなあに

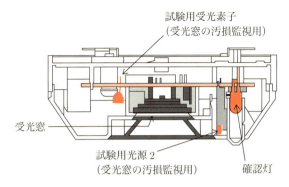

図2・51 試験機能付感知器の汚れ監視

炎感知器には，定期的に光を使って受光部の汚れを監視する自動試験機能をもつ感知器が設置されます．

(2) 紫外線式スポット型感知器

紫外線式スポット型感知器は，炎が放射する紫外線を感知し，火災信号を発信します．

感知器が監視している紫外線は，地表に届く太陽光には存在しない波長が260 nm以下の紫外線であるため，このセンサは太陽光の影響は受けません．赤外線式スポット型感知器のようにゆらぎを利

図2・52 紫外線式スポット型感知器

2.4 炎感知器

図2・49 3波長を用いた製品図

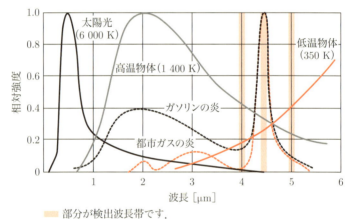

■ 部分が検出波長帯です．

図2・50 3波長の検出波長帯

定する素子を追加し，4.3 μmとその他の波長の光を比較することで，4.3 μmにピークをもつ炎の赤外線かどうか判別します．

② 自動試験機能

炎感知器は受光部が汚損すると感度が低下するため，定期的な汚損の確認が必要です．高天井などの確認が困難な場所に設置される

2.5 いろいろな機能をもつ感知器

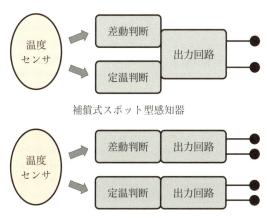

図2・54 補償式と熱複合式の火災出力方法

複合式スポット型感知器では，差動式スポット型感知器と定温式スポット型感知器の火災判断それぞれが出力できるよう火災信号を送信するための回路を2系統もちます．

(2) 熱煙複合式スポット型感知器

熱感知器と煙感知器の機能を併せ持ち，いずれかの火災判断によ

図2・55 熱煙複合式スポット型感知器

2 感知器ってなあに

り火災信号を発信する感知器です.

　放火やガソリンなどの液体火災のように,火災の発生と同時に炎が立ち上がり,温度が急激に上昇する場合に有効な感知器です.

(3) 煙複合式スポット型感知器

　発炎火災に有効なイオン化式スポット型感知器とくん焼火災に有効な光電式スポット型感知器の性能を併せ持ち,いずれかの機能が火災を検知した場合,火災信号を発信する感知器です.

　確実な火災感知には有効な組合せですが,放射性物質の廃棄の煩雑さもあり,現在販売されている感知器はありません.

(4) 炎複合式スポット型感知器

　紫外線赤外線併用式スポット型感知器は,赤外線式スポット型感知器としての火災判断と,紫外線式スポット型感知器としての火災判断の両方を満足したときに火災信号を発信しますが,炎複合式スポット型感知器はいずれかの火災判断のみで火災信号を発信します.

　火災の早期感知には有効ですが,非火災報源にも敏感になり,設置には注意が必要なことから,現在販売されている感知器はありません.

(ii) 多信号感知器

　感知器の役割には,火災を感知し在館者に火災を知らせる役割と,火災の拡大に伴う避難経路の確保や火災拡大を防止するため,防火戸などの関連設備を制御する役割があります.

　多信号感知器としてよく用いられているものは,光電式スポット型感知器の2種・3種の火災信号を発信する感知器です.2種の火災信号で火災を通知し,3種の火災信号で防火戸などを制御することにより,2種から3種相当に煙濃度が上昇するまでの間は,防火戸を開放し避難経路を確保します.2種・3種の火災信号を1台の煙感知

2.5 いろいろな機能をもつ感知器

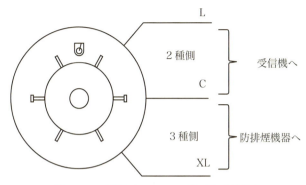

図2・56 2信号（2種・3種）感知器の接続例

器で兼用することができるため，美観の向上および施工性の向上に使用されています．

その他にも1種・2種・3種の火災信号を発信できる多信号感知器などでは，1種の火災信号を2種で火災と確定させる前の注意信号として活用し，2種の火災信号で火災を通知し，3種の火災信号で防火戸を制御することが可能です．

(iii) 無線式感知器

配線工事による美観への影響を避けたい文化財建築物やレイアウト変更による感知器の移設が多いテナントビルなどでは，配線をなくし無線通信にした感知器が有効です．

無線式感知器は，電池により駆動し，受信機または中継器を介して受信機に接続され，火災時や点検時に無線通信を行っています．

(iv) 自動試験機能等対応型感知器

建築物の高層化，巨大化により，感知器が1万個以上設置される建物が現れ，感知器を一つひとつ加煙試験，加熱試験で点検することが困難になってきました．一方，エレクトロニクスの進化により

2 感知器ってなあに

図2・57 無線式感知器（特定小規模施設用）

感知器内にマイクロコンピュータを内蔵することが可能となり，感知器はセンサの状態や回路の状態を詳細に自己診断し，状態を受信機に常時送信できるようになりました．

汚れによる感度の変化や，衝撃や部品の故障で機能に異常が発生していないかを自己診断する機能が付加された感知器を自動試験機能等対応型感知器と呼びます．「自動試験機能」をもつ感知器と「遠隔試験機能」をもつ感知器があります．

(1) 自動試験機能

自動試験機能で感知器の感度が適正に保たれていることを常時監視し，異常があればただちに受信機へ信号を送ります．また，受信機は，感知器と常時通信を行い，感知器の応答を確認しています．

点検基準[vii]において，自動試験機能で常時監視を行う感知器は，6ヵ月ごとに必要な加煙・加熱試験などの対象から外れ，省力化と信頼性の向上が図られます．

(2) 遠隔試験機能

共同住宅では，居住者不在などにより戸内に入ることができず，点検を実施することが困難な場合があります．ほかにも薬品庫，金

2.5 いろいろな機能をもつ感知器

図2・58　遠隔監視機能付システム

庫，天井裏などでは，感知器のある場所に行くのが困難な場合があります．

遠隔試験機能は，外部試験機等により戸外や離れた場所から感知器を試験し状態を確認することができます．

(v) 警報機能付感知器

一般的な自動火災報知システムでは，火災の警報音は受信機やベルなどで鳴動するため，気密性・断熱性の高い設置場所では警報音が聞こえづらい場合があります．警報機能付感知器は，スピーカなどを備え，警報を発する感知器です．

(vi) 連動型警報機能付感知器

火災時の逃げ遅れを防ぐため，火災を感知した感知器だけでなく，システムすべての感知器を鳴動させるシステムです．

特定小規模施設(viii)では，この感知器により建物全域に火災を報知できることから，受信機のないシステム構成が認められています．

(vii) 防水型

厨房や給湯室，浴場の更衣室など，高温多湿な場所や温度変化が激しく結露のおそれがある場所には，防水型感知器が使用されます．

2 感知器ってなあに

図2・59 連動型警報機能付感知器（特定小規模施設用）

(viii) 耐酸型・耐アルカリ型

薬品庫や工場においては，さまざまなガスが発生し，時には感知器を腐食させます．そのため金属部に表面処理を施したり，感知器内部にガスが入らないように密閉構造として電子部品を保護するなど，ガスによる腐食を防止したものです．

耐酸型では，亜硫酸ガスと塩化水素ガスの試験を実施し，耐アルカリ型では亜硫酸ガスとアンモニアガスの試験を行います．

(ix) 非再用型

熱で溶けるはんだなどを用いた熱感知器では，一度火災を感知すると再び使用することはできません．このような感知器は，繰り返し使用できないことから，「非再用型」と呼びます．2.3.(iv).(3) 定温式感知線型感知器は，被覆が熱で溶融すると再利用できないので「非再用型」になります．バイメタルやダイヤフラムを用いた感知器は，通常温度に戻ると復元するため「再用型」と呼ばれます．

(x) 蓄積型

たばこのように一時的に煙が発生した場合には，非火災報が発生

するのを抑制するために火災判断時間を長くすることが有効です．一般的な感知器は5秒程度煙が継続すると作動します．しかし，蓄積型感知器は，火災判断時間を数十秒間に延長し長く煙が継続した場合にのみ作動させることで，一過性の煙による非火災報を防止します．

しかし，近年は受信機で蓄積機能をもつものが多く，蓄積機能をもつ受信機に蓄積型感知器を接続すると火災判断時間が長すぎることから，蓄積型感知器と蓄積機能をもつ受信機の接続は認められていません．

2.6　住宅用火災警報器ってなあに

(i) **住宅火災**

建物火災による死者の88.4％[ix]が住宅で被災しています．火災死者の多くを占める住宅火災を防止するため，住宅への住宅用防災警

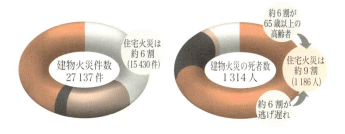

図2・60　住宅火災の件数と死者数

2 感知器ってなあに

報器の設置が義務付けられています.法令上では,「住宅用防災警報器」と表現されますが,いわゆる「住宅用火災警報器」です.

一般建物に設置される自動火災報知設備の設置・点検は,原則として消防設備士が行う必要があります.住宅用防災警報器は居住者による設置・点検が認められています.

住宅火災では就寝中に亡くなる方が多いため,就寝中の居住者が起きるようスピーカやブザーを内蔵し,音声や警報音を鳴動させます.また,配線工事が不要な電池式が市場の多くを占めています.

(ⅱ) 住宅用火災警報器にはどのようなものがあるの?

(1) 光電式住宅用防災警報器

光電式スポット型感知器と同じ検知原理を用いており,もっとも普及しています.

発火する前のくん焼火災による煙を有効に検知できることから,寝室や階段,居室への設置に適しています.湯気や検煙部の結露により作動することがあるため,台所に設置する場合は調理コンロ,湯沸かしポットや炊飯器の湯気を避けて設置する必要がありますが,早期感知のためにも可能な限り煙感知器の設置が望ましいです.

図2・61 光電式住宅用防災警報器

2.6 住宅用火災警報器ってなあに

(2) 定温式住宅用火災警報器

定温式スポット型感知器と同様に一定の温度で作動する警報器です．台所が狭く調理や炊飯器による湯気を避けられないなどといった，煙感知器が設置できないような場合に使用します．
自動試験により感熱部の故障などを監視するため，バイメタルではなくサーミスタなど半導体の感熱素子を使用しています．

(3) イオン化式住宅用防災警報器

イオン化式スポット型感知器と同じ検知原理を用いています．感知器と同様に放射線源を使用していることから，不要になった警報器はメーカーに返却する必要があり，処分にコストや手間が掛かることから現在，我が国では，製造販売されていません．

海外では，イオン化式の住宅用火災警報器が安価に販売されていますが，日本で処分できないので持ち帰らないようにして下さい．

図2・62 定温式住宅用火災警報器

3 もっと知りたい感知器

3.1 感知器が火災を見つけたあとは

　自動火災報知設備は，感知器，発信機，受信機，中継器および地区音響装置で構成されます．

　感知器が作動すると，火災信号は中継器を介して受信機に送られます．受信機では，火災灯の点灯，主ベルの鳴動および火災地区が表示され，さらに地区ベルが鳴動することにより，建物内にいる人に火災の発生を知らせます．

　また，人が火災を発見したときは，発信機のボタンを押すと火災信号が受信機に発信されます．

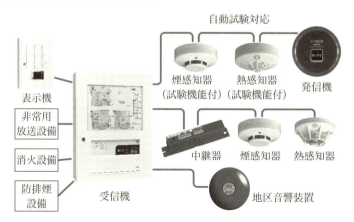

図3・1　各種防災設備

3 もっと知りたい感知器

さらに，火災信号は，受信機を介して，スプリンクラーなど消火設備のためのポンプの起動や避難のための防排煙設備の防火扉や防火シャッターの制御，通報装置による消防への自動通報などにも使用されます．

3.2 火災の発生を知らせる受信機

受信機は，防災設備の中枢として，各種設備を制御する役割を果たします．P型受信機，R型受信機，アナログ式受信機があります．さらにガス漏れも監視するG型・GP型・GR型の受信機があります．

火災信号　　：火災が発生した旨の信号をいう．
火災情報信号：火災によって生じる熱または煙の程度その他火災の程度に係る信号をいう．
火災表示信号：火災情報信号の程度に応じて，火災表示を行う温度または濃度を固定する装置により処理される火災表示をする程度に達した旨の信号をいう．

図3・2　各種受信機の例

3.2 火災の発生を知らせる受信機

(1) P型受信機

P型の「P」は，Proprietary（所有の，私設の）の頭文字を取ったものです．

P型受信機は，中・小規模のビルに多く用いられます．建物の大きさなどにより処理する信号回線が異なることから，1級受信機（6回線以上に対応），2級受信機（5回線以下に対応）または3級受信機（1回線に対応）が使用されます．

受信機が火災信号を受けて表示する出火場所は，その後の消火，避難誘導の点からも，確実に把握することが必要で，防火対象物を一定範囲に区分して区域ごとに表示することが要求されてきます．この区域が警戒区域と呼ばれ，法令では1つの警戒区域の面積は600 m^2 以下にすること，1辺が50 m以下であることとされています．

自動火災報知設備は，警戒区域ごとに信号処理を行うことから，

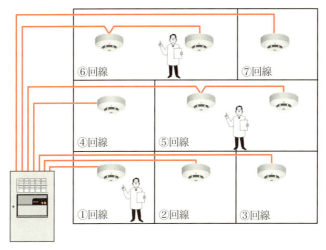

図3・3　P型システムの配線図

3 もっと知りたい感知器

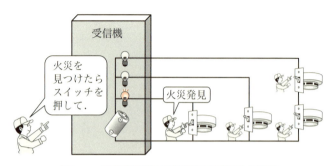

図3・4　P型受信機が火災信号を受信する様子

各警戒区域に対応する信号処理の単位として「回線」という呼び方をしています．

P型受信機は，回線ごとに表示窓をもっており火災が発生すると表示窓を点灯し，その回線により警戒されている区域が火災であることを知らせます．

回線ごとに受信回路が必要なことから，警戒区域数に比例して電線本数が多くなります．また，回線数に比例して，受信機のサイズも大きくなります．

P型受信機の1つの警戒区域には，面積・天井高などに応じ，複数の感知器が設置されます．それらの感知器は，並列に接続され，回線内の1つの感知器が作動すると同一回線内のほかの感知器は作動できないため，受信機では回線内のどの感知器が作動したかはわかりません．

シンプルな受信機の場合，機械式の感知器が多く設置され，低コストでシステムを構築できます．

高機能なP型システムでは，警戒区域ごとに1つの火災信号を発信しますが，発信後も引き続き感知器と受信機の間で通信を行うこ

3.2　火災の発生を知らせる受信機

図3・5　P型受信機（100回線タイプ）

図3・6　自動試験対応P型受信機（地図式）

3 もっと知りたい感知器

とで,警戒区域中のどの感知器が作動したかを表示できます.通信機能をもつため,自動試験対応の感知器を設置することで加煙・加熱試験などの点検が不要になります.また,感知器の異常を常時監視しているので,信頼性が向上します.

コラム　送り配線

感知器の回路は,送り配線とされています.

送り配線とは,順送り配線のことで,同経路で次々と連結していく配線をいいます.

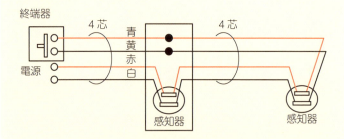

また,渡り配線とは,分岐配線の事で,同経路の分岐配線,異経路への分岐配線をいいます.

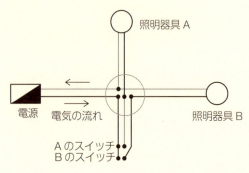

3.2 火災の発生を知らせる受信機

(2) R型受信機

R型の「R」は,Record(表示・記録)の頭文字から取ったものです.

R型受信機に接続される感知器は,個別に識別番号(アドレス)をもち,受信機はアドレスごとに個々の感知器の火災／正常／故障等の状態を収集します.P型では回線内の複数の感知器で1つの火災信号を発信していましたが,R型では感知器ごとに火災かどうかがわかります.

R型受信機は,感知器のアドレスと警戒区域の関係をデータベースとして記録しています.P型システムにおいては回線と警戒区域は同一であり,回線ごとに配線を分ける必要がありますが,R型システムではデータベースによりアドレスごとに警戒区域を設定できるため,配線を分ける必要がありません.

受信機の火災表示は,P型受信機のような表示窓ではなく,デジ

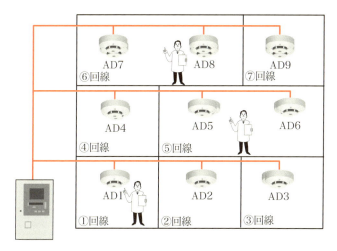

図3・7 R型システムの配線図

3 もっと知りたい感知器

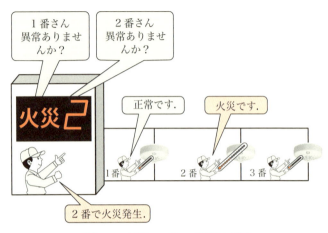

図3・8 R型システムの通信の様子

タル表示器やディスプレイ装置が用いられるため、信号数に比例することなく受信機の大きさは一定でコンパクトですむという特長があります。

超高層ビルや空港などの大規模建物において、P型受信機の場合は100回線にも及ぶものがあります。配線数が膨大になり、受信機にも100個の表示窓が必要になるため、非常に大きいものになります。

(3) G型受信機, GP型受信機およびGR型受信機

「G型」の「G」は、ガス「GAS」の頭文字であり、ガス漏れ検知器から発信された、ガス漏れ信号を受信し、ガス漏れの発生を防火対象物の関係者に報知するものが「G型受信機」です。

また、GP型受信機は、P型受信機の機能とG型受信機の機能とを併せ持つものであり、GR型受信機は、R型受信機の機能とG型受信機の機能とを併せ持つものです。

なお、ガス漏れ検知器は、ガス警報器またはガス検知器ともいわ

3.2 火災の発生を知らせる受信機

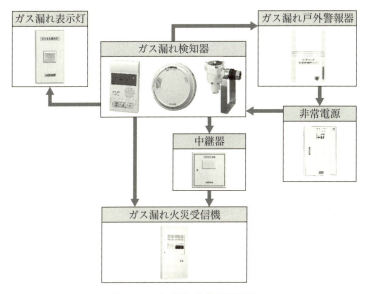

図3・9 ガス漏れ火災警報設備

れ,漏れた燃料用ガスや不完全燃焼によって生じた一酸化炭素(CO)を検知して警報を発する装置です.

(4) アナログ式受信機

アナログ式システムは,アナログ式感知器,アナログ式受信機,アナログ式中継器などで構成されます.感知器が火災かどうかを判断しON／OFF動作によって火災を判断するアナログ式以外の方式とは異なり,アナログ式感知器は煙量や熱量などの連続的な状態変化(アナログ量)をアナログ式受信機に送出し,受信機がアナログ量から火災か否かを判断する方式です.アナログ式感知器が送信するアナログ量のことを「火災情報信号」と呼びます.

火災情報信号を扱うアナログ式受信機では煙量や熱量を受信し,

3 もっと知りたい感知器

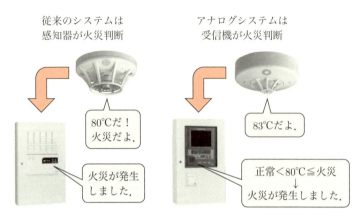

図3・10　アナログ式受信機による火災判断

受信機が火災報知を早めたり遅らせたりすることができます.

　例として，夜間は人が少なく消火活動に時間がかかるので感度を高くして早期発見を行い，昼間は人の活動に伴うほこりや湯気などによる非火災報の可能性があるため感度を下げるなど，時間に応じて感度を可変させることが可能となります.

　さらに，急激な煙濃度の変化には，たばこなどの可能性もあるため蓄積時間を長くし，通常は起こらない緩慢な煙濃度の上昇では蓄積時間を短くすることなども可能です.

　火災時には，煙濃度の変化する推移を見て，避難誘導や消防による消火活動の支援にも活用できます.

　アナログ量を受信機が得ることにより，受信機は火災だけではなく多段階に警報を報知することが可能になります．火災を確定するには至らないが，通常とは異なる温度，煙濃度になった際に，注意報として受信し，まずは監視員に知らせます．居住者に知らせる前

3.2 火災の発生を知らせる受信機

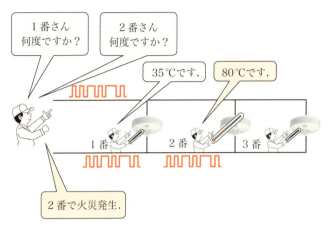

図3・11 火災情報信号の送受信

- ■ 火災の発見／制御
  - ■ 環境に合った感度設定 ➡ 設置後，受信機で感度を設定できる．
  - ■ 火災の早期発見と非火災報防止 ➡ 蓄積時間自動変更（AI機能）
  - ■ 感知器モニタ ➡ 火災判断・避難誘導
  - ■ 多段階警報 ➡ 注意警報，連動制御
- ■ メンテナンス
  - ■ 汚損警報 ➡ 失報防止
  - ■ 自動試験 ➡ 安全性向上・プライバシー保護

図3・12 アナログ式システムの特徴

に監視員が状況を確認することで，居住者が非火災報による避難行動をとる必要がなくなります．

2信号感知器のように扱うことも可能なため，建物のリニューアルなどにより，2信号感知器としての動作が必要になった場合でも

3 もっと知りたい感知器

感知器を交換することなく,受信機のデータベースの変更のみで対応できます.

3.3 感知器はどこにつけるの?

自動火災報知設備は,用途,規模などに応じて設置する建物が決められており,さらに感知器を設置する場所も決められています.

火災による煙や熱は,天井に向かって上昇しつつ温度は下がり,煙は拡散し薄くなります.そのため天井の高い場所では,高感度な感知器を設置します.また,低感度な感知器は,高感度な感知器よりも同じ面積に多くの感知器を設置する必要があります.

例として,8 mの天井において設置できる感知器は,煙感知器と熱感知器と炎感知器とされています.煙感知器ではスポット型の1・2種,光電式分離型感知器です.熱感知器では,差動式分布型感知器です.ほかにも複雑な天井形状に対する設置方法や空調周辺など

表3・1 煙感知器(スポット型・光電式分離型)の設置基準

高さ	構造	煙感知器スポット型		光電式分離型	
		1・2種	3種	1種	2種
4 m未満	耐火	150	50	公称監視距離 5 m以上 100 m以下	
	非耐火				
4 m以上 8 m未満	耐火	75			
	非耐火				
8 m以上 15 m未満	—		×		
15 m以上 20 m未満	—	1種75, 2種×			×
20 m以上	—	×		×	

(注)×印は使用不可 　　　　　　　　　　　　　　　　単位:m²

3.3 感知器はどこにつけるの？

感知器の設置を避ける場所，腐食ガスの発生する場所など，感知器の設置を免除される場所などの詳細が規定されています．

表3・2　熱感知器（差動式・補償式）の設置基準

高さ	構造	差動式・補償式スポット型 1種	差動式・補償式スポット型 2種	差動式分布型 1・2種
4 m未満	耐火	90 m²	70 m²	全長100 m以下 露出長20 m以上
4 m未満	非耐火	50 m²	40 m²	全長100 m以下 露出長20 m以上
4 m以上 8 m未満	耐火	45 m²	35 m²	全長100 m以下 露出長20 m以上
4 m以上 8 m未満	非耐火	30 m²	25 m²	全長100 m以下 露出長20 m以上
8 m以上 15 m未満	—			
15 m以上 20 m未満	—	×	×	×
20 m以上	—	×	×	×

（注）×印は使用不可

表3・3　熱感知器（定温式）の設置基準

高さ	構造	定温式スポット型 特種	定温式スポット型 1種	定温式スポット型 2種
4 m未満	耐火	70	60	20
4 m未満	非耐火	40	30	15
4 m以上 8 m未満	耐火	35	30	×
4 m以上 8 m未満	非耐火	25	15	×
8 m以上 15 m未満	—			×
15 m以上 20 m未満	—	×	×	×
20 m以上	—	×	×	×

（注）×印は使用不可　　　　　　　　　　　　　　　　単位：m²

3 もっと知りたい感知器

表3・4 炎感知器の設置基準

高さ	炎感知器
4m未満	視野角および公称監視距離で形成される空間が監視空間（床面から1.2m以内）をすべて包含すること
4m以上，8m未満	
8m以上，15m未満	
15m以上，20m未満	
20m以上	

3.4 ほかにも検知方法はあるの？

建物以外の火災による被害を防ぐシステムには，汎用性をもたず，その目的に合わせて機能を特化することで独自に進化しているものがあります．自動火災報知設備の「感知器」と区別するため，「検知器」と呼んでいます．

(i) 超高感度煙検知器

1984年に世田谷区で起こったケーブル専用地下道（洞道）での火災は，電話ケーブルが切断され，電話だけでなく銀行のオンラインシステムやATMも停止し，社会に大きな被害をもたらしました．

図3・13 超高感度検知システム

3.4 ほかにも検知方法はあるの？

　電気設備機器の過負荷，漏電，短絡などにより，過熱状態となり，周囲の絶縁体などが分解され，煙が発生します．これらの煙は，少量であり，初期に感知することは困難です．これらの煙を検知することのできる超高感度煙検知器は，光電式煙感知器の1／3 000以下の極めて薄い煙を検知することができる検知器です．

　コンピュータ室・データセンタ・通信機械室などは，機器の冷却

図3・14　循環気流下で急速に煙が拡散した状態

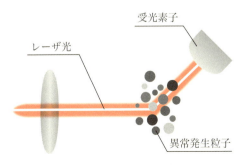

図3・15　超高感度煙検知器の煙検知方式

3 もっと知りたい感知器

のために強い気流が常時室内を循環しています．そのため，火災時にも熱気流が天井に広がるのではなく，循環気流の方向に流され急速に室内に拡散されます．

このような環境において，煙を検知するために，レーザ光による強力な発光素子と高感度な受光素子により，肉眼では見えないほどの，極低濃度な煙の散乱光を検知することができます．

(ii) 赤外線センサ

ドーム型球場や大形コンサートホールなど，大空間をもつ施設では，火災の早期感知と共に，広い空間を限られた水量で効率的に消火することが必要です．赤外線カメラなどの多素子の赤外線センサと電動雲台を用いることで，広範囲を監視し火源の位置を正確に測定することができます．火源を狙い放水することで，消火設備や水源の規模を抑制でき，消火時の水損も低減できます．

大規模な施設には，大形の単独の放水銃と赤外線センサを組み合わせたものが用いられ，中小規模の施設では消火設備と赤外線センサを一体化し，美観向上・施工性・メンテナンス性を向上させたものがあります．

図3・16　雲台付赤外線カメラと放水銃

3.4 ほかにも検知方法はあるの？

図3・17 赤外線センサと消火装置を一体化した装置（格納時と放水時）

(iii) 画像処理検知器

コンピュータ技術の進歩により，カメラとコンピュータを使った自動車の衝突防止や人の侵入検知，顔認識など，画像処理技術は，急速に発達しています．

火災検知の分野においても，煙や炎の色や形，特有の動き，明暗変化のパターンなど，映像信号をさまざまな方法で分析し，煙や炎を検知するシステムが開発されています．

高天井においては，上昇気流に乗る煙の動きの特徴を分析することで，煙が天井に到達する前に火災を検知することができます．ま

図3・18 画像処理煙検知装置

3 もっと知りたい感知器

た，粉じんの多い場所においては粉じんと煙の動きの特徴から違いを抽出し火災を検知します．これにより画像処理検知器は，通常の煙感知器を設置できない粉じんやじんあいの多い道路トンネルなどの環境でも熱感知器や炎感知器より早く火災を検知することが可能となります．

(ⅳ) マルチセンサ検知器

感知器のほとんどは，煙，熱，炎と単一の検知素子により火災監視を行っていますが，実際の火災においては，熱も煙も発生します．マルチセンサ検知器は，熱と煙など複数のセンサを組み合わせた検知器です．複数のセンサを組み合わせた感知器として複合式や併用式の感知器があります．これらは煙感知器や熱感知器のそれぞれの火災判断結果に対し，いずれか早い方であったり，両方が作動した場合に火災信号を出力する方式でした．マルチセンサ検知器は，両方のセンサの信号を組み合わせて総合的に判断するアルゴリズムを使い，感度を可変させている検知器です．

これにより，木材の発炎火災など煙が少ない火災においては，温度上昇を検知したことで煙感知器としての感度を上昇させ，低濃度

図3・19 マルチセンサの構成

3.4 ほかにも検知方法はあるの？

の煙でも感知器を作動させることで，熱感知器や煙感知器よりも早期に火災を検知できます．逆に，温度上昇を伴わずに煙濃度が上昇した場合には，たばこや粉じんなどの非火災報源と判断し感度を低下させたり，判断時間を延長したりすることが可能です．

(v) CO火災検知器

一酸化炭素（CO）は，くん焼火災やフラッシュオーバー後の火災室における酸欠状態下の燃焼ではCOが発生します．しかし，液体火災や木材の発炎火災ではCOは少なく，これらを検知するにはCOセンサの感度は数十ppmを検知する必要があり，一酸化炭素中毒を検知するセンサより高感度なセンサが要求されます．

COの発生および拡散は煙とほぼ同じであることから，じんあいや湯気の発生があり煙感知器を設置できない場所で，熱感知器より高感度な検知器としての用途が期待されています．

住宅火災の多くを占める寝たばこ火災では，一酸化炭素が多く発生するため，非常に効果的です．

(vi) ガス漏れ検知器

1980年静岡駅前の地下街で大規模なガス爆発火災が起こり，一定

一般建物・地下街向け

温泉採取設備向け

図3・20 ガス漏れ検知器[xi]

3 もっと知りたい感知器

規模の建物・地下街ではガス漏れ火災警報設備の設置が義務付けられるようになりました．

2007年渋谷温泉施設爆発事故があり，温泉採取設備に対してもガス漏れ検知器の設置が義務付けられるようになりました．

(vii) 道路トンネル用炎検知器

建物以外の火災としては，1979年東名高速道路日本坂トンネル内で100台以上の自動車が焼失した火災がありました．日本の大動脈である東名高速道路が通行止めとなったため，物流に大きな影響を与えた災害でした．

自動車道路トンネルでは，排気ガスの滞留を防ぐために常時換気の気流が流れており，また車によるじんあいも多く，煙や熱による火災検知は困難なため炎検知器が使用されます．道路トンネルでは自動車のライトや坑口付近では太陽光も入り込むため，複数の波長の赤外線と炎のゆらぎの特徴を監視し炎を検知しています．

じんあいや降雪地域の雪泥により検知窓が汚れやすい環境のため，

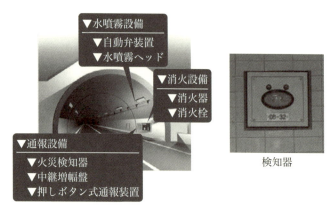

図3・21　道路トンネル用検知器とその他防災システム

3.4 ほかにも検知方法はあるの？

汚れが付着しにくい形状や，汚れによる赤外線透過量の減衰を補償する機能など，道路トンネル検知器固有の工夫が盛り込まれています．

(viii) 船舶の火災監視

船舶にも建物と同様に火災検知器が設置されます．海上特有の環境への対応や世界各国での規格を取得するなど，船舶特有の仕様があります．

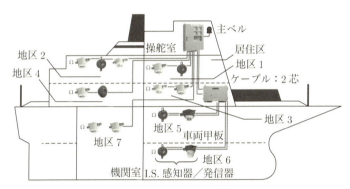

図 3・22 船舶用火災探知装置

(ix) 各種装置の火災監視

工作機械や印刷機，変電設備など，発熱部をもつなど火災の可能性があり，設備の焼失が事業継続に影響を与えるような設備には専用に火災を感知し消火するシステムを設置することがあります．

図 3・22 のシステムでは工作機械に炎感知器を設置し，加工中の発熱などにより火災が起きた場合，ただちに消火剤を放出し火災の拡大と装置の焼失を防止しています．

3 もっと知りたい感知器

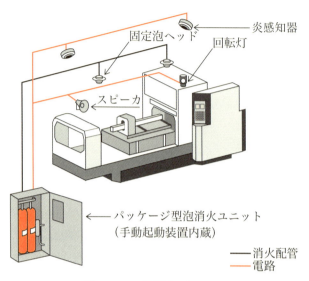

図3・23 工作機械の火災監視

3.4 ほかにも検知方法はあるの？

(i) 東邦大学メディアネットセンター，バーチャルラボラトリ，燃焼科学（http://www.mnc.toho-u.ac.jp/v-lab/combustion/comb03/explos01.html）（平成28年11月29日参照）
(ii) 提供：サントリーホールディングス株式会社，サントリーのエコ活「水大事典」水分子の構造（http://www.suntory.co.jp/eco/teigen/jiten/know/kn_01_01.html）（平成28年12月1日参照）
(iii) 提供：ピクスタ
(iv) 火災報知設備の感知器及び発信機に係る技術上の規格を定める省令（昭和56年6月20日自治省令第17号）
(v) 「消防法施行規則」（昭和36年4月1日自治省令第6号）
(vi) 提供：日本ドライケミカル株式会社
(vii) 「消防用設備等の点検の基準及び消防用設備等点検結果報告書に添付する点検票の様式を定める件」（昭和50年10月16日 消防庁告示第14号）
(viii) 特定小規模施設における必要とされる防火安全性能を有する消防の用に供する設備等に関する省令（平成20年12月26日総務省令第156号）
(ix) 「消防白書」（平成27年版）
(x) 「総務省消防庁 平成22年（1〜12月）における火災の状況」
(xi) 提供：新コスモス電機株式会社

索　引

数字

3波長の検出波長帯 …………… *123*

アルファベット

A 火災　……………………… *66*
B 火災　……………………… *66*
CO 火災検知器 ………………… *155*
C 火災　……………………… *66*
P 型システムの配線図 ………… *139*
R 型システムの配線図　……… *143*

あ

アナログとデジタル …………… *102*
油火災 ………………………… *66*
泡消火設備 …………………… *72*

硫黄 …………………………… *25*
イオン化式感知器を廃棄する際には
　………………………………… *96*
イオン化式スポット型感知器 … *93*

液体の消火剤 ………………… *63*
液体の燃え方 ………………… *24*
絵表示 ………………………… *66*
遠隔監視機能付システム ……… *131*

屋外消火栓設備 ……………… *75*
屋内消火栓設備 ……………… *70*
送り配線 ……………………… *142*

オゾン層破壊係数 ……………… *67*

か

化学的消火法 ………………… *56*
各種装置の火災監視 …………… *157*
各種防災設備 ………………… *137*
火災受信機 …………………… *138*
火災とは何か ………………… *37*
火災の煙を見つける ………… *84*
火災の種別 …………………… *40*
火災の定義 …………………… *37*
火災の熱を感じる …………… *103*
火災の炎を見つける ………… *118*
ガス漏れ検知器 ……………… *155*
画像処理検知器 ……………… *153*
可燃物とは何か ……………… *26*
紙鍋 …………………………… *31*
簡易消火用具 ………………… *69*
感知器の種類 ………………… *83*
感知器のはじまり …………… *77*
感知器はどうやって火災を見つけるの ………………………………… *80*

気体の消火剤 ………………… *64*
気体の燃え方 ………………… *21*
金属にも燃えるものがある …… *33*

空気の主な成分 ……………… *51*
黒色や灰色の煙 ……………… *10*

警報機能付感知器……………131
煙感知器はどうやって煙を見つけるの……84
煙の濃度とは………………91
減光と散乱光………………99
減光率………………89

光電式住宅用防災警報器………134
光電式スポット型感知器………85
光電式分離型感知器……………97
コークス………………29
極初期火災………………42, 80
固体の消火剤………………63
固体の燃え方………………24

さ

再生資源燃料………………5
差動式スポット型感知器（空気の膨張を利用したもの）………106
差動式スポット型感知器（自動試験機能付）（半導体を利用したもの）………108
差動式の感知器………………105
差動式分布型感知器（空気管式）………109
差動式分布型感知器（熱電対式）………113
酸化反応と還元反応………3
酸素………………6
酸素濃度………………8

紫外線式スポット型感知器……124
自然に燃えるものがある………35

自然発火………………37
自然発火性物質………………38
自動試験機能等対応型感知器…129
自動出火速報機………………79
住宅火災………………133
住宅用火災警報器にはどのようなものがあるの………134
消火器………………69
消火するための設備・機器には何がある………69
消火には3要素ともう1つの要素がある………54
消火の3要素　………54
消火の4要素　………54
蒸発燃焼………………26
初期火災………………42, 81
除去消火法………………56
触媒燃焼………………20
白い煙………………11

スプリンクラー設備……………71
煤………………11

盛期火災………………42, 81
赤外線式スポット型感知器……120
赤外線センサ………………152
石炭………………27
赤りん………………25
セルロース類の燃焼………7
船舶の火災監視………………157

た

- ダイオキシン……………………… 15
- 耐酸型・耐アルカリ型……………132
- 体内に取り込まれた酸素………… 8
- 多信号感知器……………………128
- 立ち上る煙の正体は…………… 10
- 建物の火災はどのように発生するのか………………………………… 39
- 炭化水素の燃焼……………………7

- 蓄積型……………………………132
- 窒息消火法………………………… 56
- 着衣着火…………………………… 41
- 超高感度煙検知器………………150
- 超高感度検知システム…………150

- 定温式感知線型感知器…………116
- 定温式住宅用火災警報器………135
- 定温式スポット型感知器（金属の膨張を利用するもの）………113
- 定温式スポット型感知器（半導体を利用するもの）………………115
- 定温式の感知器…………………113
- 定常燃焼………………………… 21
- デトネーション………………… 45
- 電気火災………………………… 66

- 動力消防ポンプ設備……………… 75
- 道路トンネル用炎検知器………156

な

- なぜ火が消えるか化学する…… 56
- なぜ火が燃えるのか………………1
- なぜ火は消えるのか…………… 46
- ナフタリン……………………… 25

- 日本初の超高層ビルに設置された煙感知器……………………… 81

- 濡れ水…………………………… 63

- 熱アナログ式スポット型感知器117
- 熱煙複合式スポット型感知器…127
- 熱感知器はどうやって火災の熱を感じるの………………………104
- 燃焼現象の典型はロウソクの燃焼 16
- 燃焼後に残った灰は何か……… 14
- 燃焼しても出ない煙…………… 12
- 燃焼生成ガス…………………… 13
- 燃焼の3要素　　　　　　　　 2
- 燃焼の3要素ともう1つの要素　2
- 燃焼爆発………………………… 43

は

- バイメタル………………………114
- 爆ごう…………………………… 45
- 爆発……………………………… 40
- 爆発音…………………………… 45
- 爆発現象………………………… 38
- 爆発とはなにか………………… 40
- 爆発と破裂……………………… 45

爆発範囲……………………… 36	水で消せない火災の消火はどうする
ハロゲン化物消火剤………… 55	……………………………… 60
ハロゲン化物消火設備………… 73	水噴霧消火設備………………… 71
反応の連鎖……………………… 4	水を大量に放水することができるもの……………………………… 59
非再用型………………………132	
ひたたき……………………… 52	無機物………………………… 30
非定常燃焼…………………… 24	無線式感知器…………………129
比熱…………………………… 50	無線式感知器(特定小規模施設用)………………………………130
冷やすと消える……………… 58	
表面燃焼…………………… 19, 26	
表面フラッシュ現象………… 41	燃え方にはいろいろある…… 19
	燃える金属…………………… 35
不活性ガス消火設備………… 72	木材の燃焼…………………… 27
複合式感知器…………………126	木炭…………………………… 28
普通火災……………………… 66	
物質により燃え方は異なる… 20	**や**
フラッシュオーバー………… 44	
分解燃焼……………………… 26	山火事………………………… 47
粉末消火設備………………… 74	
	有機物………………………… 30
防水型…………………………131	
炎 …………………………… 19	**ら**
炎感知器はどうやって炎を見つけるの………………………………118	ラジカル反応…………………… 9
炎や高温物体の波長分布……121	
	冷却消火法…………………… 56
ま	連鎖反応………………………… 9
	連動型警報機能付感知器………131
マグネシウム………………… 25	連動型警報機能付感知器(特定小規模施設用)……………………132
マルチセンサ検知器…………154	
	ロウソクあれこれ…………… 16
水以外の消火剤には何がある… 63	ロウソクの構造……………… 16
	ロウソクの蝋………………… 16

おわりに

　本書を最後まで読んでいただきありがとうございます．さらに，「終わりに」まで，読破していただきました読者の皆様に感謝申し上げます．

　本書は，初めての試みとして，感知器が火災の初期の現象をいかに感知するかについて，その原理，構造・機能等をわかりやすく，限りなくマニアックに説明してみました．

　初めて接する方には，理解できないところは飛ばして読んで頂き，機会を捉え読み返していただくと，より興味を持っていただけるのではないかと思っています．

　火災を感知する感知器が，なぜ天井に設けられているのかを理解するためには，火災いわゆる火や燃焼現象を知る必要があります．また，火を消すにはどうするかも知っておくことも必要となります．本書では，「燃える」と「消す」について，基礎的な知識として知っていただくために，一般的な知見として広く知られている内容を網羅してみました．

　本書では，2016年にノーベル医学生理学賞を受賞した東京工業大学栄誉教授の大隅良典さんが研究に志した切掛けとされています「英国の科学者マイケル・ファラデーの著書「ロウソクの科学」（角川文庫）」を参考にロウソクの燃焼についても解説を試みました．さらに興味を持っていただければ幸甚です．

　また，本書に接していただくことにより，火災の感知についての歴史，限りなく信頼性を確保するためにあえてローテク技術を駆使しているものや，最新の電子技術を活用したハイテクなものまで幅

広いものがあり，火災の発生を確実に感知するための技術が集約されていることも理解していただけたと思います．

　火災は，いつどこでどのような要因や原因により発生するか予測すること，個々の建物ごとに予測することは，非常に困難と考えられます．だからこそ，火災危険性のある場所には，感知器を設置し，常に監視をしておく必要があります．少しでも理解していただければ幸いです．

　本書を最後まで読破していただいた読者の方は，これで「燃焼」，「火災」，「消火」の基礎的知識を習得されたとともに，「感知器」についての知見を身につけられたのではないでしょうか．

　これを機会に，火災から身の安全を図るために，読者のみなさまが，家族の方や同僚，後輩の皆様，身近な方々にも本書で得られた知見について，機会を捉え開陳していただき，少しでも火災の予防，火災による被害の軽減に活用していただければ幸甚です．

　最後になりましたが，本書に引用させていただきました図表，記述等につきまして，快く承諾いただきました関係の皆様に，改めて感謝申し上げます．

~~~~~ 著 者 略 歴 ~~~~~

伊藤　尚（いとう　たかし）
現職　　能美防災株式会社　研究開発センター　第1感知システム研究室室長

鈴木　和男（すずき　かずお）
現職　　一般社団法人全国消防機器協会　常務理事

Ⓒ Takashi Ito，Kazuo Suzuki 2017

スッキリ！がってん！　感知器の本

2017年　2月　8日　　第1版第1刷発行

著　者　　伊　　藤　　　　尚
　　　　　鈴　　木　　和　　男
発行者　　田　　中　　久　　喜

発　行　所
株式会社　電　気　書　院
ホームページ　www.denkishoin.co.jp
（振替口座　00190-5-18837）
〒101-0051　東京都千代田区神田神保町1-3 ミヤタビル2F
電話(03)5259-9160／FAX(03)5259-9162

印刷　中央精版印刷株式会社
Printed in Japan／ISBN978-4-485-60025-2

・落丁・乱丁の際は，送料弊社負担にてお取り替えいたします．

JCOPY 〈(社)出版者著作権管理機構　委託出版物〉

本書の無断複写（電子化含む）は著作権法上での例外を除き禁じられています．複写される場合は，そのつど事前に，(社)出版者著作権管理機構（電話：03-3513-6969，FAX：03-3513-6979，e-mail：info@jcopy.or.jp）の許諾を得てください．また本書を代行業者等の第三者に依頼してスキャンやデジタル化することは，たとえ個人や家庭内での利用であっても一切認められません．

書籍の正誤について

万一,内容に誤りと思われる箇所がございましたら,以下の方法でご確認いただきますようお願いいたします.

なお,正誤のお問合せ以外の書籍の内容に関する解説や受験指導などは**行っておりません**.このようなお問合せにつきましては,お答えいたしかねますので,予めご了承ください.

正誤表の確認方法

最新の正誤表は,弊社Webページに掲載しております.「キーワード検索」などを用いて,書籍詳細ページをご覧ください.

正誤表があるものに関しましては,書影の下の方に正誤表をダウンロードできるリンクが表示されます.表示されないものに関しましては,正誤表がございません.

弊社Webページアドレス
http://www.denkishoin.co.jp/

正誤のお問合せ方法

正誤表がない場合,あるいは当該箇所が掲載されていない場合は,書名,版刷,発行年月日,お客様のお名前,ご連絡先を明記の上,具体的な記載場所とお問合せの内容を添えて,下記のいずれかの方法でお問合せください.
回答まで,時間がかかる場合もございますので,予めご了承ください.

郵送先
〒101-0051
東京都千代田区神田神保町1-3
ミヤタビル2F
㈱電気書院　出版部　正誤問合せ係

ファクス番号　**03-5259-9162**

弊社Webページ右上の「**お問い合わせ**」から
http://www.denkishoin.co.jp/

お電話でのお問合せは,承れません

(2015年10月現在)

専門書を読み解くための入門書

スッキリ！がってん！シリーズ

スッキリ！がってん！無線通信の本

ISBN978-4-485-60020-7
B6判164ページ／阪田 史郎［著］
本体1,200円＋税（送料300円）

無線通信の研究が本格化して約150年を経た現在，無線通信は私たちの産業，社会や日常生活のすみずみにまで深く融け込んでいる．その無線通信の基本原理から主要技術の専門的な内容，将来展望を含めた応用までを包括的かつ体系的に把握できるようまとめた1冊．

スッキリ！がってん！二次電池の本

ISBN978-4-485-60022-1
B6判132ページ／関 勝男［著］
本体1,200円＋税（送料300円）

二次電池がどのように構成され，どこに使用されているか，どれほど現代社会を支える礎になっているか，今後の社会の発展にどれほど寄与するポテンシャルを備えているか，といった観点から二次電池像をできるかぎり具体的に解説した，入門書．

専門書を読み解くための入門書

スッキリ！がってん！シリーズ

スッキリ！がってん！
雷の本

ISBN978-4-485-60021-4
B6判90ページ／乾　昭文［著］
本体1,000円＋税（送料300円）

雷はどうやって発生するでしょう？　雷の発生やその通り道など基本的な雷の話から、種類と特徴など理工学の基礎的な内容までを解説しています．また、農作物に与える影響や雷エネルギーの利用など，雷の影響や今後の研究課題についてもふれています．

スッキリ！がってん！
感知器の本

ISBN978-4-485-60025-2
B6判176ページ／伊藤　尚・鈴木　和男［著］
本体1,200円＋税（送料300円）

住宅火災による犠牲者が年々増加していることを受け，平成23年6月までに住宅用火災警報機（感知器の仲間です）を設置する事が義務付けられました．身近になった感知器の種類，原理，構造だけでなく火災や消火に関する知識も習得できます．